未名墨语

萧丄澍题

汪碧刚 著

中国城市出版社

书敬 汪碧刚同志

碧海丹心

迟浩田

翰墨飘真艺于民间

贺汪碧刚书法文集出版

邹家华

邹家华 题词
中共中央政治局原委员、国务院原副总理

贺汪碧刚书法文集出版

笔墨情趣

青春风采

贾春旺 题词
最高人民检察院原检察长
中华人民共和国公安部原部长

汪碧刚同志存念

灵手妙笔

杨汝岱

汪碧刚同志

学无止境

王文元

忠刚同志直正

艺海无涯

柯岗书于京城

积跬慎始

中石题

欧阳中石 题词
当代书法大家，中国书法家协会原顾问

挥毫写真意

泼墨绘青春

贺汪瞾刚书法文集出版

渤人 李铎

书山有路学海无涯

书山有路学海无涯 丁酉秋月 苏士澍书

09 · 2009.12	恢复书法进课堂 028
10 · 2010.01	探幽索隐 继日以追 030
11 · 2010.03	互联网时代汉字教育的问题与对策研究 037
12 · 2010.04	上海世博会做好书法大文章 053
13 · 2010.04	广集博采 深入精出 055
14 · 2010.11	德才兼备比学历、资历更重要 058
15 · 2011.01	着力培养书学理论人才和青少年书法人才 060
16 · 2011.03	书法大家的别样人生 062
17 · 2011.07	墨海诗浪激千里 076
18 · 2011.11	壮哉 大家风范 080

叩问心象　他山之石

01 · 2012.12	笔墨写真情 青春展风采 134
02 · 2012.12	笔墨青春 大有作为 136
03 · 2010.05	笔墨青春 意气风发 138
04 · 2010.05	文章书法相得益彰 笔墨青春盎然成趣 141
05 · 2009.08	全国18位著名书法家为曹操纪念馆题词 143
06 · 2011.01	雅俗共赏 自出机杼 145
07 · 2014.06	社会要多宣传正能量 147
08 · 2014.09	瀚海弄潮 后来居上 156
09 · 2012.07	笔墨青春写风流 158

未名墨语　笔墨印记

01 · 1999.03　家乡情结　002

02 · 2003.05　非典给我们带来的积极影响　004

03 · 2004.09　邓小平与中国奥运　006

04 · 2008.03　守望艺术——王铁成的书画情缘　011

05 · 2009.03　宗法自然　仁者无畏——温宗仁上将和他的书法艺术　017

06 · 2006.11　温宗仁上将回乡举办书法展　022

07 · 2009.09　对话北京市信访办副主任、巡视员李小玲　024

08 · 2009.09　利用123座地铁车站建设"首都文明长廊"　026

19 · 2012.04　敬畏传统　书为心画　087

20 · 2012.12　积跬慎始　未敢停步　089

21 · 2016.05　中西居住文化背景下的街区制比较研究　091

22 · 2017.07　诗和远方　前行路上　108

23 · 2017.07　行书漫谈　110

24 · 2017.08　家国情怀与文人担当　115

25 · 2017.08　城市的温度从何而来——从青岛市市北区实践看城市治理现代化　117

26 · 2018.04　社区治理现代化的基层方案　123

27 · 2018.04　理解文化　认识书法　127

28 · 2018.05　徽文化的笔墨担当　129

翰墨情缘　个展回眸

01 ·「不忘初心　致敬青春——汪碧刚书法作品展」亮相合肥
210

02 · 张道诚在「不忘初心　致敬青春——汪碧刚书法作品展」开幕式上的致辞
218

03 · 李修松在「不忘初心　致敬青春——汪碧刚书法作品展」开幕式上的致辞
221

04 · 吴雪在「不忘初心　致敬青春——汪碧刚书法作品展」开幕式上的致辞
223

05 ·「不忘初心　致敬青春——汪碧刚书法作品展」书法交流会专家发言摘登
228

06 ·「不忘初心　致敬青春——汪碧刚书法作品展」作品选登
244

后记
265

10 · 2017.08 字里行间的情怀与担当
162

11 · 2017.08 汪碧刚：书家要有「家国情怀与文人担当」
166

心系桑梓　资政建言

01 · 关于在我省积极推进「书法进课堂」的提案
172

02 · 关于推动我省民营企业转型升级的提案
179

03 · 关于贯彻中央城市会议精神，推动安徽智慧城市建设的提案
191

04 · 关于持续推进全省城乡社区治理现代化的提案
198

未名墨语　笔墨印记

家乡情结

　　我的家乡枞阳被誉为"诗人之窟、文章之府、气节之乡"。

　　崇尚文化,是家乡的民俗。每逢春节,村里人总要请一些颇有见地和书法功底之人,书写大红对联,有时也写些诗词之类贴在堂屋正中,以示喜庆及吉祥。父亲是农民,却写得一手好字,尤其是毛笔字。每年到了腊月底,家里挤满了人,父亲顿时身价倍增,那毛笔自然运用自如,或浮想联翩,或龙飞凤舞,自成体系。儿时学习书法,拿起毛笔,手直哆嗦,无从下手,父亲一巴掌轻轻打下来:祖传家业,就要毁在你手上。我愣愣地看着父亲,不明白这"祖传家业",是指哪般。父亲释道,我这一辈子只有写字时,才会赢得村邻如此尊重,这叫文化,懂吗?年幼无知的我自然不懂。只是愣愣地问父亲:您用毛笔写字怎会如此轻松?孬!那时读书人就用毛笔写字,父亲说。后来,等我上了高中,也写得一手好字,每逢腊底,也就多了些来请写对联的乡亲。父亲非常得意,在一旁看我在写。后来,我到北京求学工作,回家过年,已很少有人来求写对联了。每每陪父亲路过村邻家门口时,看到门上的对联,父亲摇摇头,叹口气,唉!

　　那时,每逢吃酒,我就高兴地蹦了起来。又是跳又是唱,跟着父母后面。入座以后,小孩们都牵着大人的衣角,踮起脚,趴在桌上,瞅准自己爱吃的菜,不失时机地请大人夹菜。父母们往往都把第一口菜争着夹给自己身后的孩子。大人们推杯换盏,劝酒之声不绝于耳,而我们这些孩子会吃得津津有味。第二天,办喜事的人家,会将昨天剩下的酒菜,送些给村里的孤寡老人们。记得上初中时,姐姐结婚,家里摆了十几桌喜酒,我帮着跑前跑后,其乐悠悠。只是母亲在不停地哭,我不是明白地问父亲,今天是姐大喜的子,妈为什么要哭?父亲一巴掌轻轻打下来:孬!这是风俗。

父母都是农民,极其善良,又是那么平庸和伟大。父亲读过中学,又当过兵,在那个年代,有过辉煌,只是没有机遇。父亲对我说他只感激两个人:毛泽东和邓小平。毛泽东让他成了革命军人,又让他成为新时代农民。邓小平让他的三个孩子:姐姐成家立业,哥哥和我成为知识分子。然而,我们姐弟三人成年之后,最感激的也只有两个人:父亲和母亲。我们三人同时读书,家里十分困难,只记得每到开学之际,父母便一筹莫展,家里藏钱的箱子一次一次被打开,把东亲西邻凑来的钱,放进去,然后又一起拿出来,给我们交费。日复一日,家中的架上书越来越多,父母的头发白了,皱纹也多了。我上初三,也就是哥哥上高三的那年夏天,父母不让我们干一点农活,他们每天干了一天繁忙农活回来,再捎些水果给我们吃,说这是增加营养,虽然我们知道这不比人参茸浆营养,却吃得很香。最让我感动的是,那年夏天,一天晚上十点多,我正在复习功课,电突然停了,电风扇自然也停了,燥热的夏天,怎么会有丝丝凉风,我回头一看,母亲正在手拿扇子在背后给我摇扇,而她的衣服早已湿透了。

回想家乡之事,是一份甜蜜的回忆,如饮一杯陈年老酒,愈品愈香。

真不想去解家乡情结!

(原载1999年3月9日《安庆日报》)

非典给我们带来的积极影响

毋庸讳言，我国已成为非典型肺炎疫情的重灾区。面对这突如其来的病毒的长期肆虐，人们逐渐变得理性起来。非典时期，我们的生活发生着很大的变化，非典对我国国民经济和社会生活的负面影响不可估量。当我们冷静、理智地面对非典，理性地思考过去不曾思考或被忽略的很多问题时，我们发现非典其实也给我们的生活带来一些积极影响。

首先是讲究卫生。现在人们比任何时候都讲究个人卫生和公共环境卫生。近乎淡忘的"爱国卫生运动"在全国轰轰烈烈地开展起来，卫生防疫这个本不应忽视的问题重新又被重视起来。5月4日起，北京对随地吐痰者不仅要求其擦除痰迹，还要处以50元罚款。随之，上海以随地吐痰者罚款200元，而香港提出最多要罚1万元。珍惜生命，热爱生活是人类的本能，"五讲四美"中"讲究卫生"理应排在首位。其实，即使没有非典的威胁，我们也应该如此。

其次是政治文明。4月20日，因其防治非典工作不力，卫生部部长张文康、北京市市长孟学农分别被免职，这是罕见的，中央政府的态度表明了一个为公众负责的政府形象。党和国家领导人出现在抗击非典一线，中央政府在疫情通报、信息公开乃至采取相关应对措施方面表现出更加积极和果断的姿态，宣布取消"五·一"长假，从4月21日起每日通报疫情，许多在防治非典工作中玩忽职守的地方官员被撤职查办，借非典之机大发不义之财的商家被严惩，对患非典的农民兄弟实行"三个免费"等无不体现出政府效率和亲民主张。

再次是民族精神。危难时刻见真情。抗击非典斗争以来，党和政府的关怀，医护人员的勇敢，企业家的捐赠，各行各业、各方人士为抗击非典所做的真情奉献，朋友之间的相互关爱，都显示出祖国大家庭的温暖。危难时刻见精神。在这场没有硝烟的战斗中，考验的是我们民族的力量、民族的精神。在北京一个因非典被隔离的小区门前，人们看到一行醒目的标语：非典隔不断真情。

最后是领悟小康。非典提醒我们如何重新诠解"小康社会"，中国人民的日子是一天比一天好，但我们还应该看到，我们还没有成为真正意义上的现代社会，我们管理城市的水平还是处于初级阶段，我们还没有建立完善的应对突发事件的机制，非典给我们所有的人包括政府高级官员上了一堂生动的"触目惊心"的一课。党的十六大提出全面建设小康社会的奋斗目标，我们应该综合考虑诸如卫生、环保、规划等多方面因素，在真正意义上全面实现小康。

从某种意义上讲，人类的进化与发展的过程离不开人类同各种疾病与自然灾害的斗争，而人类一次又一次取得斗争的最后胜利。

（原载2003年5月16日《江淮时报》头版）

邓小平与中国奥运

举世瞩目的第28届奥运会刚在雅典结束。首都北京也正在举全市之力筹办第29届奥运会。谈起中国奥运，我们决不能忘记世纪伟人邓小平的重要贡献。

邓小平，这个伟大的名字与中国奥运密切相连。

邓小平喜欢看足球

作为20世纪的伟人，邓小平在繁重的工作之余，十分热爱体育运动。早在20世纪20年代初在法国巴黎留学期间，尽管勤工俭学的生活非常艰苦，但他仍然爱上了足球。

1924年，第七届奥运会在巴黎举行，为了观看其中一场足球比赛，他当了一件外衣买球票。邓小平喜欢足球的习惯，保持了一生。革命战争时期没条件；新中国成立后，50年代，经常去比赛场看足球；担任中共中央总书记以后，工作繁忙起来，只能偶尔从电视上看看比赛。

直到1989年11月党的十三届五中全会批准邓小平离休后，他才真正有属于自己的观看足球赛的时间。邓小平的家人向笔者透露，1990年世界杯足球赛期间，邓小平观看了近50场足球赛，真正占了全部52场比赛的绝大部分。

1977年7月30日在北京工人体育场举行了一场国际足球友好邀请赛。那天晚上，能容纳7万人的体育场座无虚席，压轴戏是香港足球队与中国青年足球队冠亚军决赛。比赛开始之前，人们突然发现了一个久违而又熟悉的身影，邓小平！面对精彩的比赛，邓小平时而鼓掌欢呼，时而与旁边的其他领导人耳语交谈。而此前一周，中共中央召开了十届三中全会，会议决定恢复邓小平原来担任的中共中央副主席、国务院副总理、中央军委副主席、中国人民解放军总参谋长职务。第三次复出的邓小平，选择了这样一个符合自己兴趣与爱好的方式同首都乃至全国人民见面。

除了足球，邓小平还爱好其他体育运动，游泳、台球、桥牌、登山、漫步等。在他看来，这些不仅锻炼自己的身体，还磨炼自己的意志，启迪思维。

鼓励北京申奥

1984年9月28日，北京成功取得1990年第十一届亚运会的举办权。这是新中国成立以来，我国第一次承办洲际运动会。邓小平对北京承办亚运会十分关心，1989年4月2日，邓小平带着孙子、孙女与当时中央领导同志来到亚运村植树。在植下一棵大白松后，邓小平仔细询问亚运村工程的进度、亚运村资金筹措、亚运村的绿化、亚运会后亚运村的用途、北京亚运村与韩国汉城亚运村的比较等情况。

作者与邓小平同志妹妹邓先群将军在一起

此后，由于众所周知的原因，北京亚运会的筹备可谓是一波三折。在成功顶住西方制裁后，北京亚运会筹备工作顺利进行。1990年7月1日，在离亚运会举办不到两个月的时候，关注北京亚运会的邓小平又一次来到亚运村视察。他来到国家奥林匹克体育中心场馆，在视察完自己亲笔题过词的国家奥林匹克体育中心后,对陪同的时任国家体委主任伍绍祖、北京市副市长张百发说:我这次来看一看亚运体育设施,就是来看看到底是中国的月亮圆,还是外国的月亮圆?看了亚运会的这些体育场馆,看来中国的月亮也是圆的。

针对此前一段时期我国国内泛起的崇洋媚外、向往西方、诋毁自己的思潮,他语重心长指出:现在有些年轻人总以为外国的月亮圆,对他们要进行教育。

视察完亚运村体育设施后,7月3日上午,邓小平又来到京广中心,他兴致勃勃地登上京广中心第40层楼的接待大厅,透过京广中心第40层楼的接待大厅,透过宽大的玻璃幕墙,远眺雄伟的工人体育场、新建的亚运村、高耸入云的中央电视塔、散发现代气息的国贸中心,连声称赞:北京建设得好,亚运会建筑搞得好!

在亚运会举办过程中,邓小平非常关注亚运会。别人送给他一顶印有第十一届亚运会会徽的帽子,相当一段时间,他都戴着,表示对亚运会的支持。1991年5月,北京出版社编辑出版《亚运在北京》的大型画册,邓小平很高兴为画册题写了书名。

就在北京举办亚运会时,邓小平就十分关注北京的申奥事业。他认为,北京能成功举办亚运会,也能成功举办奥运会;中国要为国际奥林匹克事业作贡献,

作者与原国家体委主任、国家体育总局局长伍绍祖在一起。

就是积极申办奥运会。所以,在他7月1日视察亚运会体育设施时,就关切问当时国家体委和北京市的领导:"办了亚运会,还要办奥运会,你们办奥运会决心下了没有?"

邓小平要求中国申办奥运会的思想是由来已久的。早在20世纪70年代末,邓小平曾表示,中国应该申办奥运会。根据邓小平的要求和广大群众的愿望,在中共中央、国务院的支持下,北京市成功举办了亚运会后,就积极开始2000年第二十七届奥运会的申办工作。1991年2月26日,中国奥委会全体会议通过了北京承办2000年奥运会申请。3月,成立了2000年奥运会申办委员会。同年12月,向国际奥委会递交了承办申请。

在第一次申办奥运会的3年多时间里,北京为申办做了大量工作。但是,由于当时西方一些国家的阻挠,1993年9月3日,在摩洛哥蒙特卡洛城举行的国际奥委会一〇一次会议上,北京以两票之差不敌澳大利亚悉尼,未能取得第二十七届奥运会的举办权。当年10月,邓小平在时任北京市副市长张百发的陪同下巡视北京的市容时,在车里向张百发询问了北京申办奥运体会情况。张百发简要地介绍了蒙特卡洛投票的情况。当讲到主要是西方有的国家反对时,邓小平说:这是意料中的事情,"关键还是要把我们自己的事情办好。"

邓小平对北京申奥的这种理解,深深鼓舞了中共北京市委、市政府和北京市民。一方面,北京紧紧抓住邓小平南方谈话和党的十四大确立发展社会主义市场经济体制后加快发展的有利形势,不断加快发展首都经济、文化和各项社会事业;另一方面,继续支持和参加国际奥林匹克事业。1999年9月,在中共中央、国务院的支持下,北京成立了2008年奥运会申办委员会,开始了第二十九届奥运会的申办历程。2001年7月31日,在莫斯科举行的奥运会一一二次全会上,当时任国际奥运会主席的萨马兰奇先生宣布第二十九届奥运会举办城市为北京时,960万平方公里的神州大地一片欢腾。百年等待，百年梦想；奥林匹克给拥有3000多年历史的古都带来了新的机遇。此刻，已在天堂的邓小平，应该为自己的心愿、为中华民族的心愿的实现而微笑。

实现跨越发展

经过三年多的精心筹备，2008年北京奥运会已经不只是一幅蓝图，一个规划。2008年北京奥运会正向我们走来，这是每一个华夏子孙都应该为之献计出力的宏伟事业。

日前，北京已在希腊雅典接过国际奥林匹克会旗，即将履行13亿中国人民对国际奥林匹克事业的庄严承诺。此时此刻，我们不仅需要激情，更需要智慧。国际奥林匹克运动，是一种以体育运动为基本内容的综合社会文化现象。毫无疑问，通过举办奥运会，推动举办国和举办城市经济发展，已是现代奥林匹克运动的一个显著特征。

邓小平曾经说过"我是中国人的儿子，我深情地爱着我的祖国和人民！"他一再提出在中国举办奥运会的问题，他对北京的申奥事业给予了深切的关怀，他以一个伟大的政治家、战略家的气魄与胸怀对国际奥林匹克事业作出独特的贡献。他支持在中国举办奥运会，其深远的意义在于将中国的发展与国际奥林匹克运动相联系，在于中国需要在世界范围的竞争中求得自身的发展与进步。

（原载2004年第9期《新闻世界》）

守望艺术——王铁成的书画情缘

王铁成先生是蜚声中外的表演艺术家,早在1991年,因主演电影《周恩来》而荣获二十届金鸡奖和十五届百花奖最佳男主角奖。王铁成因他扮演的周总理的形象而被公众熟知,而他的"书画家"身份却鲜为人知。他擅写能画,对中国传统文化有着深刻的理解,为此,笔者(笔者系《书法报》特约记者)前往王铁成寓所对他进行了采访。

记者:今年是周恩来总理诞辰110周年,全国各地举办多种形式的活动来纪念周总理。您多次在银幕上成功地塑造了周恩来的伟人形象,受到观众好评,请谈谈您的艺术经历。

王铁成:我是1961年从中央戏剧学院表演系毕业后分配到中央儿童艺术剧院当演员。由于身体有病,没能长期从事舞台演出。但在此期间,我阅读了大量文艺理论和表演理论书籍。1976年,周恩来总理去世,怀着对总理的崇敬之情,我萌发了饰演总理的愿望,便偷偷地在家里试妆,搜集有关周恩来的资料,寻找外形与总理的相似之处。1977年经过严格的试妆、试戏,我终于实现了自己的愿望,在中国话剧团排演的话剧《转折》中饰演周恩来,这也是我国舞台上第一次出现周恩来的形象。戏公演后,受到了观众的热情欢迎。后来,我在《大河奔流》《报童》《西安事变》《李四光》等影视片中饰演周恩来,获得了肯定。1989年,我已在香港定居,息影多年了,这期间结识了著名导演丁荫楠,丁导特邀我主

笔者和王铁成先生是20年老朋友,这张合影摄于1998年。

演影片《周恩来》，这是我多年的愿望，便停止了香港的一切，怀着对周恩来总理的崇敬和热爱，全身心地投入拍摄中，为此也付出了巨大的代价：拍摄中因故，摔断了6根肋骨；为接近总理逝世前的形体，减肥饿得胃痉挛等，为艺术献身，也得到了艺术的垂青，我因此获得了电影金鸡奖和百花奖最佳男主角的殊荣。

记者：听说您是从小就练书法？还是书法大家欧阳中石先生的师弟，请您谈谈对书法的理解。

王铁成：我是一个地地道道的老北京，和中石都爱好京剧，我从小就拜了奚啸伯先生为师，中石当时也跟奚先生学戏，按梨园界的称谓我们是师兄弟。我们都爱好书法，他是书法专业博士生导师，我是业余爱好，但我们有很多共同语言。就在今年大年初三，我还和师兄中石先生一同舞文弄墨，切磋书法。

王铁成信札

中石先生讲书法家必须临帖，一辈子临帖。我认为，所谓"书法"，"书"是写，"法"是度。不能没有章法，没有规矩，没有出处。中国书法是闪烁在中华文化之上的绚丽光环，同时也是世界文化的绚丽光环。中国书法艺术把蕴藏在个人身心的思想感情化作了一种有形有色、有声有歌、有节奏有韵律、有神采、有极大震撼力和浓重感情的结晶体。但这有一个前提，就是把"字""文""书"三位一体地考虑。只有这样，才可能达到上述境界；如果单独地看，就不全面。笔墨当紧贴时代，书画家用笔墨表现自己对国家、民族、生

兴樫同节与乐同和以义为根以仁为本

碧刚同志正之
丙戌 王铁成

王铁成为笔者题词

活的热爱，寄情于此。中石先生说：中国书法的生命力在于"作字行文，文以载道。以书焕采，切时如需"这16个字，而不单单是美不美的问题。我完全赞同！沙孟海先生讲："一般学人，学好一种碑帖，也能站得住。但作为专业书家，要求应更高些。就是除技法之外，必须有一门学问做基础，或是文学，或是哲理，或是史事传记，或是金石考古。"这就对书家提出了更为准确的要求。

记者：您的书法以行楷为主，线条流畅，却不失厚重；章法自然，气韵生动；结构工整，严谨大气；传古承今，潇洒飘逸。能谈谈您的成功之道？

王铁成：八个字——勤在临池，博采众长。书法很有吸引力，孩提时代就练习。颜真卿、黄德坚和"二王"都是我追求的目标，至今我仍然每天临帖，享受书法的乐趣。写字可以提高一个人的文化素养，帮助他对古诗词等中国传统文化有一个更为深刻的理解。

记者：您的画亦能师法造化，自出机杼。您笔下的墨竹，生涩不浮夸，熟练有静气，生硬见风骨，草草不俗套。令人耳目一新。

王铁成：书画同源。中国人绘画，尤其文人雅士作画，都乐于画竹。我只画水墨画，从来不上大红大绿的颜色，只是偶尔点上一点花青，画画就是享受这种创作过程，国画中最高境界就是本色，不上色，纯粹的水墨，画出物象，品品味道。

记者：您爱好广泛，多才多艺。从收藏瓷器到古典家具，从蛐蛐罐到蝈蝈笼，拉京胡，放风筝，种花逗鸟，无所不爱，无所不精，请谈谈您的丰富生活吧！

王铁成：用北京的话来讲，我就是一个玩家。8月开始养秋虫，就是蟋蟀。11月养冬虫、蝈蝈等。玩这些就是玩中国文化。比如蟋蟀，《诗经》中就是"蟋蟀在堂"四个字。杜甫《诗歌》谈到"促织"，妇女听到蟋蟀声就要织布了，否则冬天就没有衣服穿了。收藏古典家具的理解是品味历史文化艺术；品茶能消除烦躁，修身养性……玩一定要了解中国文化和历史，不瞎玩，艺术相通，从玩中受到启迪。

记者：今年北京将举办奥运会。作为艺术家和老北京，您如何看待奥运与中国文化？

王铁成：北京今年举办奥运会，是向世界人民展示中国文化的一个契机。要围绕北京"人文奥运"，展示中华与北京灿烂文明，以文化魅力吸引世界，促进全球文化向着和谐、融合、协调的方向发展。党的十七大把文化提到了国家软实力的高度，我国有深厚的文化底蕴、优秀的传统文化，特别是中国独有的书法艺术，要在奥运会期间更好地展现出来。

记者：谢谢您接受我们的采访，衷心祝愿您艺术之树常青，期待您更精彩的书画作品问世。

2009年9月，"依旧潇洒——王铁成书画展"在中国美术馆举行，笔者主持开幕式。

记者感言：王铁成凭着对艺术的执着，生活的热爱，以一位资深艺术家对书画艺术的理解，努力寻求书画真谛。他的书画作品先后参加纪念建党85周年、建军80周年中国名人名家书画精品展并刊登在各种报刊上。2008年1月，他和书画名家李铎、杨力舟等一道参加由北京世纪名人国际书画院在全国政协会议中心举办的名人名家三十人书画展，引起轰动，众多书画评论家对王铁成的作品给予了很高的评价。艺术都是相通的，能找到那些相通的门，便可以进入一种境界，而能用明白晓畅的语言，把这种境界描绘出来，便是艺术家的快乐了。

（原载2008年3月26日《书法报》）

宗法自然　仁者无畏

——温宗仁上将和他的书法艺术

温宗仁将军文武兼备，为人谦逊谨慎，待人温和真诚，是我非常崇敬的长者。他生于碧波万顷的巢湖之畔，我是听着黄梅戏长大的，我们的老家仅相隔数里。那是人杰地灵、英雄辈出、有着深厚文化底蕴的地方，被誉为"诗人之窟，文章之府，气节之乡"。而书法又是我们共同的爱好、不解的"家乡情结"和难舍的"翰墨之缘"，使我们成为忘年之交。

我们结识于世纪之初的一次同乡聚会上。其时，温宗仁将军刚从兰州军区政委调任军事科学院政委。温宗仁将军给我留下了极为深刻的印象：他威严又不失儒雅，从容果敢且真诚低调。谈起家乡，他总是有说不完的话。在京同乡都为从家乡农村走出来的这位高级将领而倍感自豪。2002年5月2日，我清晰地记得这个日子。当晚，中央电视台《新闻联播》播出了中央军委举行晋升上将仪式的消息，在庄严的国歌声中，温宗仁从江泽民主席手中接过晋升上将军衔命令状，成为共和国上将。我激动地指着电视屏幕对我夫人说："这位温宗仁上将还是我们的老乡呢！"

2006年10月16日，笔者出席温宗仁上将书法展开幕式，与温宗仁上将（中）、巢湖市委书记夏望平（右）在温宗仁书法作品前合影。

初次见到温宗仁将军的书法作品，是在他的家里，客厅正中挂着他的巨幅书法"宁静致远"。遒劲有力的四个大字，让我耳目一新。"一位高级将领，能写得一手好字，有如此心态，真是不简单。"如今，我的书房里挂着温宗仁将军题赠我的书法条幅"碧海心怀空万物，刚劲气魄有作为"。每每独坐书房，我便仔细欣赏他的书法。其对仗工整，气运贯通，一气呵成。一位长者的谆谆教诲和殷切期望跃然纸上。

在日后的交往中，我得知温宗仁将军的书法启蒙于耳濡目染，受益于良好家风。"我的父亲是一位有文化的农民，我七、八岁时他就教我写毛笔字，每天写三张大字和一篇小字。我十多岁时，村里每逢过年都找我写春联。"父亲的这种教育和引导，奠定了温宗仁将军良好的书法基础。温宗仁将军告知我，写字是他的一种爱好，于繁忙的公务之余，临池不辍，这本身就是一种乐趣。"我从未想过成为一名书法家，也没有拜师学艺，只是平时多看、多读、多学、多写，将爱好变成一种习惯，真心诚意为之，日久就有收获。"温宗仁将军是党的十四届中央候补委员，十五、十六届中央委员，长期担任军队的重要职务，他能

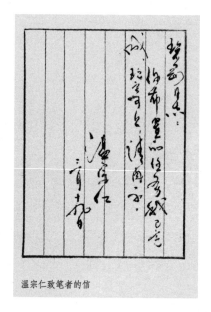

温宗仁致笔者的信

温宗仁题词

坚持写字、写文章，肯写、敢写，这本身就是一种境界。我想，这种乐趣和境界正是我们年青人应该学习的。

2006年7月初的一个晚上，温宗仁将军的电话打到我家里"家乡巢湖市委市政府要给我办一个书法展，旨在开展爱国主义教育，还多次专门派人登门邀请，实在推辞不掉，只好从命。碧刚，请你帮我张罗一下。"我欣然应允，但又深感责任重大。

温宗仁将军一诺千金。整个七月温宗仁将军谢绝一切不必要的应酬，将自己关进书房，静心创作。等写好一些作品，便挂在墙上，自己觉得不满意，撕了重写，我和他的秘书都感到惋惜。他说既然要写，就写出个样子。再写好一批，请来书法名家指点。为了使内容丰富，形式多样，他又一笔一画地写起楷书、隶书。我深深为他治学严谨的态度而打动。温宗仁将军说："既然书法是一门艺术，就要尊重艺术，尊重知识，尊重创造。"

八月初，我来到温宗仁将军的书房，地上铺的和墙上挂的全是他的书法作品，墨香四溢。我静下心来，仔细赏读他的书法作品，这凝聚他一个月心血的百余幅书法精品，兼有多种书体，笔风清隽厚实，结构、章法力求多变，粗与细、浓与淡相结合；以博大沉雄的力感来感染观众，并从中体现作为将军和书法家的"豪迈儒雅"的审美追求。尤其是他的行草作品，点面结合，收放自如，亦静亦动，酣畅淋漓。他的书法给人一种奋发向上的时代气息！纵观温宗仁将军的书法，既有将军之威武，又有文人之细腻。

"宗法自然,仁者无畏"是我对温宗仁将军书法的诠释。

(原载解放军出版社2006年10月版的《温宗仁上将书法集》。温宗仁上将因病医治无效于2008年3月13日在北京逝世,享年68岁。为纪念温宗仁上将逝世一周年,2009年3月23日《巢湖日报》再次发表此文。)

新闻连接

温宗仁上将回乡举办书法展

　　本报讯（通讯员　汪碧刚）为纪念红军长征胜利七十周年，巢湖市委、市政府主办的"温宗仁上将书法展"日前在巢湖市隆重举行。

　　温宗仁1940年生于巢湖市中垾镇温家套，先后担任南京军区政治部主任、兰州军区政委、军事科学院政委，是中共十四届中央候补委员，十五、十六届中央委员。他军旅生涯47载，为国防和军队现代化建设做出了重要贡献。他酷爱书法，几十年如一日，在军旅之暇潜心研究书法艺术。他擅长草、隶、篆，尤工行草，其书法饱满而飘逸，心随性至，洒脱耐看，字里行间渗透着

温宗仁上将书法展开幕式现场

书法家的传统功力,展示了一位高级将领所特有的书法艺术风采。此次展出的130多幅书法精品,内容涉及革命领袖诗词、古典诗词、歌颂解放军和家乡的诗词多篇,题材丰富,风格多变。

《温宗仁上将书法集》目前已由解放军出版社正式出版。

(原载2006年11月2日《安徽日报》头版)

2008年5月28日笔者被聘为北京市人民政府特邀建议人,成为市政府智囊团成员,努力当好人民群众的代言人,积极为首都的改革发展建言献策。

对话北京市信访办副主任、巡视员李小玲

关键词:寄信"免邮资"——写给市政府"群众来信"免邮资

汪碧刚:如今的科技发展很快,老百姓可以打电话、写信、发电子邮件等多种形式向有关部门反映问题和诉求。但是,作为普通市民,面对这么多的信访渠道,该如何有效地运用呢?

李小玲:我市在全国已率先建成了来信、来访、电话、电子邮件、建议征集等形式的全方位信访渠道。需要特别说明的是,为了方便群众写信反映问题,从2008年起,市政府实行了对市民给市政府写信"免邮资"的新举措,只要是写给市委、市政府领导、市信访办的来信,来信人在信封邮票处标明"群众来信"的字样,便可免费送达。

如果群众遇到日常生活不便的问题,或者是反映涉及社会管理、公共服务行业服务水平以及相关公共信息咨询服务需求,可拨打市政府非紧急救助服务中心电话——12345寻求帮助。

关键词:人民建议征集——2009年所办实事都来自人民建议

汪碧刚:在群众信访渠道中,人民建议征集工作是市政府着眼于民生,主动问政于民、问需于民、问计于民的重要方式。请问:市信访办近年来征集到多少人民建议呢?取得了怎样的效果?

李小玲：人民建议征集工作是"思想上尊重群众、感情上贴近群众、行动上深入群众、工作上依靠群众"的具体体现，近年来收到了很好的效果。以近几年市政府为群众拟办的实事为例，市政府征求群众的建议，从2006年的7000余条增长到2009年的2万余条。群众建议的采纳率也逐年提高。2006年，市政府为群众拟办的实事中，对群众建议的采纳率是46%，2008年、2009年的采纳率已达到百分之百，也就是说，为群众拟办的实事全部来自于人民群众的建议。

2009年，我们又增加了人民建议专项征集的内容。比如，面对国际金融危机影响的滞后效应，我市经济增长下行压力较大的形势，市政府人民建议征集办公室在日常征集和市政府为百姓办"实事"建议征集"问需于民"的基础上，及时采取"问计于民"的方式，引导各界人士为发展首都经济出高招、献良策，也取得了良好的效果。

（原载2009年9月3日《北京日报》）

利用123座地铁车站建设"首都文明长廊"

如今,北京地铁运营线路的总里程已达200多公里,共有123座车站。地铁早已成为北京市民出行和国内外游客来京旅游的主要交通工具,说它是向全国乃至世界展示首都北京文明进步的重要窗口,一点也不为过。笔者根据长期乘坐北京地铁的感受,并对地铁多个车站进行调研后,提出利用地铁车站建设文明长廊的几点建议:

一是设立地铁站名(地名)由来的宣传栏,展示首都古老及现代文明。目前,北京地铁站的命名多样,如果不加说明,恐怕很多北京市民都不清楚站名的由来,诸如张自忠路、公主坟、上地等车站。以张自忠路站为例,现在站内仅有一座张自忠的雕像,只标明"民族英雄张自忠",再也没有其他详细的介绍;再如公主坟站,若不加说明,更会让乘客不懂就里。我建议,要在

2012年4月,笔者荣获2009~2011年度北京市优秀人民建议三等奖。

有条件的每个车站设立站名由来的宣传专栏,结合首都悠久厚重的历史文化和现代城市文明,介绍各具特色的站名和地名,展现给广大乘客。

二是在车站内不定期举办形式多样的北京地铁文明长廊展览,展示首都经济社会的伟大成就,使200多公里的地铁长廊成为集中展示首都风光、城市文明、传统文化等的"特大型展览馆"。

三是利用地铁乘客流量大的优势,开展"做文明乘客、当文明市民""我让座、我快乐"的社会文明教育实践活动。利用好地铁车站的宣传栏,及时宣传地铁里发生的好人好事,以此为基础,开展"首都市民榜样"评选活动。

四是建议由多部门合作,制订具体方案,把地铁车站和地铁沿线建设成一条流动的"文明长廊"。建议由北京市地铁运营、管理等部门牵头,有关部门共同配合制订《北京地铁文明长廊建设实施方案》,部门联动协作,市民、乘客广泛参与,努力取得实效。

(原载2009年9月18日《北京日报》)

恢复书法进课堂

今年9月30日，联合国教科文组织审议通过了2009年《人类非物质文化遗产代表作名录》，中国书法名列其中。书法最具中华民族的历史内涵，因为我们祖先很多宝贵的东西都是通过文字书写传承下来的，没有文字，何来我们五千年的文明呢？所以，越来越多的有识之士呼吁，"写好中国字，做好中国人"。

但我有一些担心，当今社会，由于计算机的普及，使汉字手写的训练遇到困难。许多年轻人不重视写字，更不重视写好字。

虽说书法在中国具有群众性，但在许多人心目中的地位并不高。为了更好地继承和弘扬优秀的传统文化，我认为：恢复和推进"书法进课堂"势在必行。

书法大家欧阳中石先生点评笔者书法

恢复"书法进课堂"，并不是说让每个学生都成为书法家。而是让书法有一定的社会基础，对于书法进中小学课堂，让中小学生练习一下毛笔字，触摸一下博大的中国文化的一边一角，对其修养大有益处。

但现状是专职的书法老师很少，多数学校是美术老师兼教书法。为了配备相应的教师，笔者建议，师范院校可开设对应的书法教育专业，多培养具备书法教育资质的老师。相关部门可通过多种渠道开设形式活泼的书法欣赏讲座或业余爱好者交流平台,让书法更贴近大众,尤其是青少年。

(原载2009年12月2日《北京日报》)

探幽索隐　继日以追

——解读李铎先生70年之艺术春秋

今年80高龄的李铎先生，是当代书坛不可或缺的重要人物。李老从军60周年、从艺70周年，他与共和国同步成熟发展，与时代同呼吸共命运。深入研究李老的艺术成就，若只是片面看到他的书法艺术之大成，恐有失偏颇。研究李老的艺术，弘扬他的审美思想，总结他历经70年的艺术道路，将他辉煌的艺术成就作为当代的文化财富发掘李铎艺术现象的文化意义，加深对这位艺术大家的全面认识，具有民族文化振兴的指导意义。

全国政协副主席、中国文联主席孙家正2009年4月20日出席恭贺李铎先生80华诞暨《李铎书法集》首发式时指出，党和国家历来非常重视中华民族传统文化，我们的传统文化是各民族祖先创新的积累和结晶，不断创新是文化传统得以延续和发展的决定性因素。鼓励和保护文化创新，实现传统文化的发展与创新，对于中华民族传统文化的发展具有重要的意义。广大书法家要学习李铎先生德艺双馨的良好道德风尚，进一步解放思想、转变观念，形成大团结、大繁荣、大发展的良好局面，为繁荣中华民族传统文化，构建社会主义和谐社会作出积极贡献。同日，中国书协分党组书记、驻会副主席兼秘书长赵长青说李铎先生是我国当代书法大家，为中国书法事业的繁荣和发展及书法创作和教育，作出了突出贡献。其名享誉中外，德高望重，德艺双馨，为书法界树立了典范，为大家所敬仰，取得了令人瞩目的成就。李铎先生的书法艺术，陶古铸今，融会贯通而一枝独秀，在当代中国书坛有着重要的影响和地位。清代杨守敬讲过"未有胸无点墨而成为书家者",一个真正的书法家首先应是一个学问家,书法的最终成就是看学问高低。李铎先生是诗人,学识渊博,才思敏捷,又有深厚的古典文学功底,他不仅书法艺术精湛,而且更注重人品修养,所以他对书法艺术有着独特的悟性、深刻的理解和杰出的贡献。

李铎先生1930年4月19日生于湖南省醴陵市。现任中国书协顾问、北京世纪名人国际书画院艺术顾问、中国人民革命军事博物馆研究馆员、解放军书法创作院院长、中国艺术研究院书法博士生导师,享受国家特殊津贴、第九届全国政协委员、第六届全国文联委员。

党和国家、书法界乃至社会各界对李铎的艺术人生是肯定的、认可的,给予了他极大的荣誉,其荣获当代书法最高奖——第二届中国书法兰亭奖终身成就奖就是最好的证明,于是就有人称他为"大师"。对此,他极其认真严肃地说:我不是大师,现在不是,将来也不是,我只是一名普通的艺术工作者。

我仰慕李老已久,有幸有缘和先生相交多年,随先生学艺,他平易近人,谦虚谨慎,知识渊博。他对待艺术一丝不苟,容不得半点虚假,逢我向他求教书法,他总是旁征博引、探根求源,告知其然及其所以然,倘若你写错别字,就必须纠正,告诫此类作品决不能外流,否则将以讹传讹。他严谨的治学精神,一直深深影响着我。

作为学生,我认真阅读了大量关于李铎先生艺术研究的文章,深受启发,同时更加深切地认识到要研究李铎先生的艺术及其成就,首先要改变社会对他的肤浅认识。他不仅是书法名家、书法大家,不仅在当代书坛占有一席之地,李老在当代中国社会的政治、文化、艺术诸方面也有巨大深远的影响。他在诗文、书画、文化审美多方面的造诣足可千秋,全面衡量起来,李铎的艺术形象可以当之无愧地写入当代艺术史。

有鉴于此，我提出重新定位李铎，来研究他70年艺术的春秋，全面评价一位艺术大家。

第一，李铎先生建立了自己的书法理论体系。他提出学好书法最重要的有8个字：兴趣、勤奋、悟性、路径。其中，路径浓缩为4个字——临、立、变、创，即书学的继承与发展的路径。他大力提倡继承和发展，在继承的基础上讲发展，在发展的前提下讲继承。"临"和"立"是个大的阶段，"变"和"创"也是一个大的阶段。"临"是师法于古代碑帖求形神俱象；"立"是得到碑帖范本的神韵为己所用；奠定书法的根基"变"是要多看多读多听，广泛吸取众家之长，不囿成规，渐具自家风貌；"创"是要融会贯通，取精用宏，寓学养于点画之中，得风神于笔墨之外，自开一格，卓然成家。

如今他的书法艺术理论专著《论书断语》成为更多书家必备读物。李老同我讲书法，从来就是开门见山，通俗易懂，不云山雾罩，理论联系实践，操作性强。这恐怕就是大家风范。

第二，李铎先生是继承弘扬民族审美思想的艺术大家。他积70年光阴的顽强追求，以诗文、书画的实践，将自己的审美追求立足于民族审美文化的主脉上，形成了完整的思想体系和艺术技法体系，是我们应该深入研究和学习的文化丰碑。

这也是他超越书画家、诗人而写入当代艺术史的重要理由。在异彩纷呈的当代文化现象中，我们可以清晰地看到，李铎先生继承弘扬的艺术思想是东方的民族文明，绝无旁顾。他刚正不阿，1995年他以中国书协副主席身份率团去日本参加书法交流活动，果断粉碎了台湾地区及其他国家某些人企图搞"台独"的阴谋，从而受到上级褒奖。李老赤情满怀，2006年3月胡锦涛总书记关于

"八荣八耻"的讲话发表后,他心情异常激动。他认为,当我国处在改革开放的转型期,出现多元价值观的时候,提倡什么,抵制什么,倡导什么样的道德观尤为重要。他按捺不住内心的激动,忍着长久眼疾的疼痛,以微弱的视力,泼墨写下一幅《八荣八耻》。中央军委委员、总政治部主任李继耐在《解放军报》上看到李铎敬录的胡锦涛总书记"八荣八耻"的手迹后批示:"我看到李铎同志的这幅作品,十分惊喜,我认为这是李铎同志近几年来创作的精品中最好的一幅,堪称代表作、传世之作。由此可见,政治热情可以激发出最高的创作水平,军队新闻出版、文艺等单位,要充分发挥自身的优势,在宣传社会主义荣辱观中做出更大贡献。"

从传统文化延续的角度,他一以贯之的是民族文明中的正大气象,恢宏博大的审美理想。他的艺术表现了当代人的所思所想,他的名字之所以享誉中华,皆源于此。这是艺术大家对当代文化的重要贡献。中华正史、国学正脉是李铎艺术追求的境界高度。

中华民族审美中雄强刚毅,浑朴磅礴的文化主流是李老坚持了70年的追求。他实践了文化强国的梦想,在当代中国弘扬了振兴腾飞的阳刚正大的审美观念。

2010年8月,笔者陪同恩师李铎夫妇上黄山。

我们缺少对这一高度的深刻认识，要在艺术界及社会大倡主流，对他在创作实践中贯彻的完整思想体系进行总结研究，从文化现象学的角度、倡导国学的角度看待他的文化贡献。

第三，李铎先生的艺术造诣是丰富全面的。我们不能只将他定位成书法家、画家、诗人。他在艺术创作的各领域皆有其独特风格及深厚造诣。他的知识结构是全面的，而又是超越传统文人的。从思想境界和德行品格诸方面是当代硕果仅存而名副其实的大家。每逢重大事件或节日，李老都以诗歌的形式记录下当时的情景和情感。我们可以从他的新诗《八十抒怀》中领略他的博大精深："香樟渌水大王山，白鹭纷栖雪满巅。少小扶竿舢竹渡，嬉玩犹在数天前。凭窗几度怀乡远，老病仍依桌案边。索隐探幽三味久，神游太古八荒天。"

从诗文上看，他的审美思想中既有大江东去的豪壮，也有浅唱低吟的婉约，他在此方面的深厚造诣曾得到启功等前辈硕学的称赞。

他的绘画作品承继了大写意笔墨的文化精神，又是对文人趣味的超越，是笔墨雄强、大气节的时代表现。

他的书法更是辉煌灿烂的笔墨华章，点缀在中华大地的名川大山、会所厅堂，昂扬刚正，振聋发聩，成为民族振兴的时代强音。他所书写创作的"孙子兵法"更是一座丰碑，展示了李老对当代书法史的学术贡献。

第四，李铎先生热爱生活，言传身教，情系乡梓，无私奉献。李老的学术贡献自不待言，其品格德行、对时代生活的热情同样感人至深。他和夫人李长华相濡以沫半个世纪，有时我同他们商议工作到了该吃饭的时候，老两口总是请我到街边饭馆来上一盘热气腾腾的饺子，李老高兴时还会来瓶啤酒与我对饮，此时的师母一定是悄悄地去结完账。去年经李老推荐我成为中国书协会员，他欣然为我题词"笔墨青春，大有作为"，并写了一段长达二百多字勉励的话。逢年过节，老两口总是打来电话，嘘寒问暖。这样的长者由不得你不敬爱！

李老热心公益事业，经常为社会捐款、捐物、救灾、济困，无私奉献。仅以支持家乡建设为例，李老已先后为此捐献近300万元。2009年4月，李老捐资在家乡湖南醴陵市新阳乡青泥村建立了首家农民图书馆。2002年以来，他捐献给新阳乡的教育、科技、文化、卫生、交通、水利、福利等各项事业的款项达100多万元，2005年和2006年，他又向母校醴陵中学累计捐款100万元，建立了李铎奖学助学基金。除直接捐资支持家乡发展外，近十年来，李老还为湖南全省各地无偿书写作品、题写各种牌匾等多达数百件。

第五，形成了李铎书体。研究李铎艺术现象的重点要放在书法上，他的艺术成就集中反映在书法领域，他在新中国艺术界的最大贡献是创造了一种被社会各界认可的，在书法理论上总结出一套完整的艺术审美体系——李铎书体，风格独到，发人深省。他创造了李铎书体，这种体势熔古而铸今，是中国当代书界的法帖，成为众人学习追求的目标，且桃李天下，影响了两三代热爱书法的观众。任何一种流行书风在当代都不可能像李铎书体那样深入人心，因为他植根于东方文化传承的审美正脉，又个性鲜明。

从继承的角度看，他有自己更高的审美追求。学习郭体是他曾经走过的道路，他告诉我，他曾为此彷徨，90年代他的郭体深入人心，有"郭沫若第二"之誉，但他深思熟虑后，毅然改变风格，"别人的永远成不了自己的"。

更重要的是，他在梳理中国传统书法史的继承道路上突显的个性选择，对秦汉浑金璞玉的正大气象的学习表现，对北碑深厚入木的风格继承，对明清行革连绵的笔法风格的表现。在他的书法继承中，可以找到一个军人独特的社会审美观点，这是他作为大家对文人传统书法在美学上的突破。

从创新的角度论述，李铎先生的创新是前无古人的全新角度。李铎书体所显示的不是一个普通书家的个性，是肩负社会责任感、民族自信心的艺术大家的全面思考，不是传统文人可以度量的当代艺术大家胸襟。

李铎书体充满阳刚之气，博大恢宏，迟涩沉重。密林透光的艺术气象，是时代审美的强音，高峰坠石，阵云千里的视觉冲击力，是一个将军书家具备的丰碑神采。观其点划、导之泉注、顿之山安，绝无疏狂草率，沉雄之后帖学的精致，一个诗意化的传统文人对细节的精雕微刻，每幅作品皆入化境，是当代艺术瑰宝。

将社会责任感纳入创作，拓宽传统书法创作思维，用军旅生涯的独特视角，打开传统文人书法所不具备的创作视角，是李铎书体突出的学术贡献。

他的成功不仅是技法上的，也是创作观念高度的大境界。李铎书体是当代文化中的重要现象。11月25日，李老又荣获中国文联第八届造型艺术成就奖，是今年我国唯一获此殊荣的书法家。

"探幽索隐，继日以追"是李老80岁生日时自勉的两句话。这也表达了他老骥伏枥、壮心不已的心声。

李铎用自己的70年创作实践书写了一代艺术大家的历史。他继承创新，弘扬民族审美思想，建立了自己的书法理论体系，创造了李铎书体翰墨回报社会，成为一名被当代社会各界共识共知的真正的大家。

（原载2010年第1期《当代中国画》）

互联网时代汉字教育的问题与对策研究

引 言

党的十七大站在新的历史高度，突出强调了加强文化建设、提高国家文化软实力的重要性，提出要兴起社会主义文化建设新高潮，推动社会主义文化大发展大繁荣的历史任务。十七大报告中明确指出：当今时代，文化越来越成为民族凝聚力和创造力的重要源泉、越来越成为综合国力竞争的重要因素，丰富精神文化生活越来越成为我国人民的热切愿望。要坚持社会主义先进文化前进方向，兴起社会主义文化建设新高潮，激发全民族文化创造活力，提高国家文化软实力，使人民基本文化权益得到更好保障，使社会文化生活更加丰富多彩，使人民精神风貌更加昂扬向上。[1]

中华文化源远流长，其显著标志是具有超时空的文字记载。汉字是中华民族人文传统的重要组成部分，博大精深的中国文化的流传依赖于最具有"中国特色"的汉字这个载体，汉字也因之成为实施文化传承和爱国主义教育的最好载体。中国拥有五十六个民族，如果没有文字的统一，就没有中华文化的传承。写字是我们生活世界的一个重要组成部分。小学教育从教会孩子学会写字起步，写字教育不仅仅是让学生传承祖国汉字文化，更是培养学生的审美情操和人格魅力。

随着互联网数字化时代的到来，网络的普及和应用正深刻影响和改变着人们的思维和生活方式。人们在分享网络文明所带来的方便快捷的

---

[1] 胡锦涛在中国共产党第十七次全国代表大会上的报告《高举中国特色社会主义伟大旗帜　为夺取全面建设小康社会新胜利而奋斗》，人民出版社2007年出版。

同时，也面临着互联网时代所带来的汉字教育危机。我们应该清醒地看到，随着电脑的普及，互联网时代的到来，文字的书写已随之慢慢淡化早已是不争的事实。"汉字书写"作为国民素质的重要体现，却在不断退化，得使中国"写字教育"面临严峻挑战。

在这种背景下，作为一名文字工作者，一位书法家，笔者更加深切地认识到，实现社会主义文化大发展大繁荣，必须要正视和解决这一社会问题，在全社会大力提倡对汉字的热爱和书写。

一、互联网时代对汉字教育的冲击

电脑的普及的确方便了人们的书写，也提高了文字工作的效率和质量，且格式统一、文字精美、快捷高效。究竟是什么原因让年轻一代忽视了汉字书写？专家分析主要有三点原因：一是电脑的智能输入干扰了识文解字。一些简易的输入方式，如智能输入法，只要敲打声母字就都出来了，一些人看到同音就觉得对了，以至于对字的印象模糊了。二是打印作业削弱了写字训练。年轻人书写能力的退化，还在于用手写字的训练机会比原来少了很多：在校的学生打印作业比例越来越大，而进入工作岗位的年轻人大多处在无纸化办公的环境中，训练量小了，写字能力自然就退化了。三是兴趣培训忽视了书写训练。

2013年3月26日，笔者走进北京雷锋小学送文化。

互联网开放、快捷、交互的特性，推动着信息平等化、低成本化传播的提速。网络的发达，使得学生应用QQ或BBS与人交流的机会增多，他们运用电脑打字的速度并不比手写慢。而且由于电脑打字易于修改的特点，很是符合老师强调书面整洁的要求，所以大部分学生都很乐意用这种方式取代手写，很少练习写字。

随着计算机在生活中得到普遍应用，不仅墨水和砚台已经逐渐被抛弃，笔在社会生活中的功用正急剧退化，在一些行业，笔已经被彻底摒弃，在职业人士那里，笔成了只在签名时才偶尔使用一次的工具。在青少年中间，曾风靡一时的毛笔课和硬笔书法自学教程，也为提高计算机录入速度和应用技巧所代替。

许多人对电脑越来越依赖，打字速度越来越快，汉字书写却越写越生疏。然而，电脑普及的背后所带来的问题，则是人们动手写字的概率越来越小，尤其是中小学生缺乏"写字教育"的培育，写字状况令人担忧，他们虽然电脑打字很快，但一动笔却是一团糟，不仅字写得难看，甚至错字、别字连篇。《2010年普通高等学校招生全国统一考试语文大纲》明确要求高考作文：书写规范，标点正确，每一个错别字扣1分。

中小学生书写能力退化，电脑网络的普及是重要的原因。即使是很多的大学生，电脑玩得流利，编排、设计文字版面轻车熟路，但是一提笔写字就令人难以恭维。互联网时代对汉字教育的冲击力之大之强，使得汉字教育在新形势下面临着严峻考验。

二、汉字所蕴含的中华文化及现代价值

（一）汉字作为文化载体，在科技发展领域仍独占鳌头

1. 汉字承载着人类文明的"大分类法"，很多表意文字可以被很清

晰地认出，这源于汉字有所归属的偏旁部首。我们可以从字面上理解一个字的意思，并把它归入某一类别。在科学黎明到来的前夕，培根①曾把科学归纳法总结为科学研究的基本方法。虽然在科学实验中，归纳法未必是符合逻辑的，但是在科学、文学、史学等诸多学科领域中，它仍有着至关重要的作用。

2. 在计算机系统内，目前中文输入速度要优于英文输入速度。一度，字形结构复杂的汉字在进行计算机处理时，使得科学家们束手无策，美国空军在20世纪60年代初试图建立一部"中文电脑辞典"，以适应军事需要，但是研究时间长达十年却一无所获，这时汉字的智慧性再次显现。之后，中国人自己研制出了汉字输入技术，据统计，每分钟汉字输入电脑的数量是250个左右，而英文最快为1080击，折合成汉字大约为216个字。

3. 汉字是矩形结构，在信息时代不仅便于文字录入，也便于文字信息保存。因其结构严谨、纠错性强，一句话中即便损失掉几个汉字我们也基本上可以通读句义，但英文就很难达到如此水平。因为英文单词一旦丢掉几个字母，这个字就变成了别的字，这种较为松散的结构有时不适宜长期保存。

汉字本身就是宏大的艺术品，从内到外，从轮廓到精神，它经得起各个角度、多个学科的解读，对中国人而言，它不仅是科技时代，也是整个文明进步的报时钟。

---

① 弗兰西斯·培根（FrancisBacon, 1561—1626）是英国哲学家、思想家、作家和科学家。被马克思称为"英国唯物主义和整个现代实验科学的真正始祖"。

（二）汉字是中华传统文化的根

汉字是记录汉语的文字，它已有五千年左右的历史，它是世界使用人口最多的语言，是世界上最古老的文字之一。它是表意性质的音节文字，现代常用的文字有4000~8000个，大多数是形声字。现代汉字的字体是经甲骨文、金文、小篆、隶书演变而来的。人类在长期的实践中，既创造了光辉灿烂的历史，又积累了无比丰富的文化知识，它们依靠文字得以保存至今。作为记录、保存、传播知识的工具——文字，对人类文明的进步，推动社会的进步和发展，起到了不可替代的作用，做出了不可埋没的贡献。汉字是一种表意文字，许多字从外形上看可以知道它的大概意思。比如"日"形状像太阳，"月"形状像月牙。日和月都有光，两个合在一起更亮，这就是"明"。汉字的这个特点使它很容易受到人们主观意识的影响，因此，从汉字可以了解到一些中国传统文化观念。

1. 从汉字看古人的宇宙观。古人在造字时，把对宇宙的认识融进了汉字。现在的汉字外形是个方块，可在商朝时候却不是这样。如"龙"字像一条长长的虫子，"凤"字像一只又高又瘦的鸟。从周朝后期开始，字形逐渐变方，经过秦朝的篆书，汉朝前期的隶书，到汉末形成了笔画平直、形体端正的方块形楷体字。

为什么2000年以前的人把字形定为方的呢？这是因为那时的人对宇宙有了明确的看法，尽管这个看法是不科学的。他们认为天是圆的，像个圆底锅扣在我们上边；地是方的，托在我们脚下。地既然是方的，地上的一切人工建筑也都要建成方形。所以大到城市、院子、房屋，小到床、桌子、椅子都是方形的。只有少数与天有关的建筑才是圆的，如北京的天坛。汉字是大地上人们使用的记录工具，应该和大大小小的方形一致起来。"一"在古人看来是万物发展的开始。汉朝著名文字学家许慎①说:"一"是最初的东西,后来的一切都是从"一"衍化出来的。这种解释来自《周易》②,也就是太极和阴阳的理论。按着这种说法,如果把"一"看成数字,那么有了"一"才有了二三四五等无穷的数字;如果把"一"看成横,那么有了横才有了竖点撇捺等各种笔画;从文字上看,有了"一"才有了上下左右等千千万万个字。从古人对"一"的解释,可以看出他们对万物产生和变化的看法。

"示"最初是神的意思,写成丁,横表示天,竖表示神仙从天而降。后来在横上又加了一横,表示在天上方;下边的竖也加了两条,变成三竖,明确表示出是日月星三神。这也是许慎的解释。汉字中凡与神有关的字大都有示(礻)作偏旁或部首。比如:祭(意为向神献肉)、祐(意为神灵保护)、社(意为土地神)、福(意为向神祈求幸福)等。这说明古时候人们把许多自然现象的变化看成是神支配的。这种崇信神灵的观念现在还没有完全消失。

2. 从汉字看古人的伦理观念。在封建社会,中国人的伦理观念主要是三纲五常。简单来说,"三纲"就是大臣要按照君王的意志办事;子女要按照父亲的意志办事;妻子要按照丈夫的意志办事;"五常"就是每个人要做到仁、义、礼、智、信。人们在造字和讲解字义时,也常常把这种伦理观念加进去。

---

① 许慎(约58年—约147年),汉代有名的经学家、文字学家(有"字圣"之称)、语言学家,是中国文字学的开拓者。于公元100年(东汉和帝永元十二年)著《说文解字》,是中国首部字典。

② 《周易》,一名《易》,又称《易经》。是一部古老而又灿烂的文化瑰宝,古人用它来预测未来、决策国家大事,反映当前现象,上测天,下测地,中测人事。儒家重要经典之一,是我国最古老、最有权威、最著名的一部经典,是中华民族聪明智慧的结晶。

"君"的古字上面是两只相对的手,双臂内侧是个"口",像个正面坐着处理政务的君王。"臣"的古字像个面向左边趴在地上行匍匐礼的大臣。"民"的古字像个面向左的男人与女人的结合体。到了汉朝,君王的正面坐形改成了面向左的侧面形,就是现在的"君"字。臣和民应该面向君王,表示服从和恭敬,所以面向左改为面向右,成了现在的"臣"和"民"。"孝"字的上边是个"老字头",下边是"子",是小孩搀扶着老人的形象。孝就是尽心奉养父母,照顾父母的意思。汉朝以后的统治者大都提倡孝道,对不孝的子女要定罪判刑。不孝的罪行中,最严重的是没有后代,没有子女的人被看成大不孝。维护这种观念的人就把"孝"字中的子解释成男孩子,说没有男孩子的人就是不孝。"好"字左边是"女",右边是"子",意思也是多生孩子就好。这种生育观念到了现在还有影响。在强调男子重要的同时,是贬低妇女的作用。女子应该待在家里,这样才平安,所以"安"上为宀(房子的符号),下为女。如果走出

2014年5月25日至29日,笔者在安徽省岳西县菖蒲镇农村采风。

家门就会引起麻烦。两个女人在一起会成为"奻（sòng）"，意思是争论、争吵；三个女人在一起就会成为"姦（jiān，简化字同'奸'）"，意为邪恶、奸诈。因此对女人要严加管束。"妥"字上为"手（爪）"，下为"女"，意思是管束住女子才能安妥。压迫歧视妇女，反对妇女走出家门走向社会的观念到了20世纪才开始清除。

3. 汉字简化，古今贯之。汉字至今起码有五千年的历史了。在这悠久的汉字发展史上，一个引人注目的事实是，它的形体是在不断地趋于简化。再早的不说，就从甲骨文到金文（钟鼎文）、小篆的演变，从小篆又到隶书、楷书的演变，哪一个阶段其实都是形体简化的过程。这里面，以从小篆到隶书的变化最大。尽管小篆比起金文、甲骨文来已经简化多了，但今天我们认读起来仍很困难，可是认隶书就顺利多了。所以说，从小篆到隶书的变化被看作古今文字的分水岭。具体地说，今文对古文的最大变化是什么呢？那就是简省了偏旁，简化了结构，删除异体，减少字数，字形定型。其实，隶书之后，汉字形体的简化并没有停止。隶书到楷书是进一步的简化，这之后又出现了大量的简体字。这是人民群众和书法家的共同创造。有人从现存东晋大书法家、"书圣"王羲之的手书中，找出"扬、为、时、富、张、丧、谢、东、资、怅、来、纪、经、万、栖、将、询、随、问、说、谛、静"等22个简化字。这是1600多年前的事。

近代，汉字简化现象更加明显。从20世纪初开始，中国的有识之士更把简化汉字工作跟普及教育、富强国家这些目标联系起来。1935年，当时的中国政府还曾发布了《第一批简体字表》，共收简体字324个。其中有223字跟今天中国推行的简化汉字完全相同。

中国研究、推行简化字，也是为了普及教育、提高人民文化水平，以适应经济建设发展的需要。无疑，简化字给外国人学习中文，给海外华人的子女学习自己的母语、母文化，也带来了方便。中国的简化字，已为新加坡等国家所采用。澳大利亚教育部也规定开设中文课的学校，要教简体字。这是很有远见的。可见，简化汉字，是人同此心，心同此理，是顺应历史趋势的。

（三）汉字是中国哲学丰富内涵的集中体现

汉字，既是中华文明的标志，又体现出了中国哲学的内涵，而且在汉字大规模创立之后，中国人的思维、语言和汉字已经是三位一体不可分离了。就汉字而言它也是中国哲学最早指导创立的中华文明内涵之一。

1. 汉字是世界上与众不同的、独树一帜的文字。有学者认为，中华文明源自《易经》，中国哲学方法论与思维方式也源自《易经》[①]。当我们将《易经》所示方法论与思维方式同汉字创立的思路联系起来看就可以发现，这二者是同一的。汉字的大规模创立，是在有了世界上与众不同的中国哲学方法指导下得以实现的。文字界一般用表意文字和表音文字来区别不同文字的内涵，汉字被称之为表意文字。汉字是从象形文字发展而来，其主要内涵是形、声、意三者兼备、三者是同时出现无法分割的，其宏观与核心均是会意，但这时的汉字已不是象形文字。汉字之所以成为汉字，是以它冲破了象形文字的束缚，能够完整记录语言及各种抽象事物为标志的。从汉字的发生、发展到大规模创立的过程看，如果

---

① 陶宥亘：《易经》新得，上海大学出版社2008出版。

没有中国哲学方法作为指导方法，它是难以冲破象形文字的束缚的。从中国哲学形成的年代看，它早于汉字大规模创立的年代，汉字的大规模创立是在有了"六书"的造字方法后才得以实现，而从"六书"的内涵中又可以看到，它是在把握了语言和文字的宏观后产生的，对一事物从宏观上加以把握是中国哲学的灵魂，这又证明了汉字的大规模创立与中国哲学方法的指导是分不开的。

2. 哲学与文字的关系是十分密切的，在中国文化中更显出其特殊性。中国哲学指导了汉字的大规模创立，在此之前，对汉字的研究均仅仅局限在字形的继承上，而忽视了对汉字的宏观认识。既然文字界将象形文字等同于表意文字，那么，就应该在汉字的表意功能上做文章，真正找出汉字为什么能由象形文字得以大规模创立的原因。对此，古人是十分清楚的。而今人却由于受西方哲学与文化的影响，非但没有从汉字的表意功能入手去找它大规模创立的原因，有些学者反而一味追求将汉字改换成拼音文字，并认为汉字只有走拼音文字的道路才是唯一的出路，才是文字发展的必然规律，这个结论的确将汉字研究引向了歧途，如果按此观点走下去，中国文化将被破坏殆尽。文字发展有其自身的规律，但绝不是只有拼音文字一条路，否则汉字就不会到今日还在被使用。汉字在中国的发生、发展到大规模创立，是有其深厚的文化与哲学根源的。在中国哲学方法论与思维方式的内涵被揭示出来后，对以它为指导方法创立的中华文明中的各个学科进行详细阐述，是必不可少和十分重要的事情。

所以，从哲学的意义上去理解汉字，学习汉语，是中国人民的智慧结晶。

三、互联网时代推进汉字教育的对策

（一）推进"写字教育"

由于计算机普及，使汉字手写的训练遇到困难。重视写字，提倡写好字，不是一件小事。我们应当全面、深刻挖掘和总结写字教育的作用，并充分发挥好这些作用。

1. 写字是培养学习能力的奠基工程。学习能力是由什么构成的？是由识字能力、阅读能力、写作能力、计算能力构成的。学习能力的核心是阅读、写作、计算，一个人具备了这三项能力，就具备了基本的学习能力。具备了基本的学习能力就为一个人的终身发展打下了坚实的基础。有这个基础和没有这个基础大不一样。新中国建立时我国有80%的文盲，国民的整体学习能力很弱。随着新中国教育事业的发展，特别是改革开放以后，教育普及程度极大提高，劳动力素质支撑着我们国家的经济和社会高速发展，充分说明了识字（包括写字）、学习的极端重要性。在计算机打字普及的情况下，在中小学阶段尤其要重视手写。大脑细胞对手写和打字的刺激反应是不同的。打字往往比较机械，写字则需要更多的思考。笔者认为手写，思考在其中，理念深化在其中，审美追求在其中。因此，基础教育阶段应提倡并重视手写，我们可以把写字看作是学习能力的奠基工程。

2. 写字是行为规范的养成工程。写字并不很难，但也不容易，如果从小把字写好，对一个人的行为规范是很好的熏陶。小时候没有经过训练，缺乏基础和良好习惯的养成，到年纪大了来学习，是非常困难的。从小受过训练跟没有受过训练是不一样的。行为规范是可以迁移的，写字时认认真真、一丝不苟，当你写好之后，自己也觉得有成就感，这种成就感会迁移到做别的事情的过程中。提倡养成做事一丝不苟的习惯，

是非常重要的。现在市场经济发展很快,好的方面是促进了发展,负面影响是容易让人心理浮躁、急功近利。从小学阶段就养成认真的习惯,不要弄虚作假。一笔一画,有实事求是之意。要养成良好的学风,甚至还要从标点符号做起,要从引用他人文章加引号做起,要从小学阶段开始进行行为规范的基本训练。写字就是这样一个行为规范的养成工程。

  3. 写字是文明传承的工程。教育事业的目标是建设有中国特色的社会主义现代化的教育体系。中国特色可以从教育思想、体系、制度方面讲很多,但最根本的一个中国特色就是语言。中国特色寓于中华民族的语言中,寓于各个民族的文化当中。讲中国特色,第一步就要热爱母语,热爱我们自己的文字,要提倡热爱母语文化;从通用语言文字的角度讲,应提倡热爱汉语汉字。学习外语无疑应非常重视,我们需要学习各国优秀文化、先进科学、一些好的理念,并且吸收、消化,变成自身的东西。但母语文化作为文明传承的启蒙工程一定要重视,尽早抓,到大学再抓就晚了。写字、写规范汉字还是要从小抓起,老师、家长乃至全社会都能重视这个问题,使写好规范字成为一种习惯,就可以从根本上解决这些问题。

  基于此,笔者以为,我们数千年来积淀下来的文化"大坝",不能就这么被电脑普及给冲垮了。作为中国文化的重要组成部分,汉字书写需要传承乃至发扬光大。教育部门应当高度重视中小学生的"写字教育",想方设法拯救"写字教育",通过开设书写课程,引导中小学生日常的写字养成。写字是人生中不可或缺的重要内容,即使电脑科技再发展、再普及,也替代不了手写字的功能。因此,开设"写字教育"迫在眉睫,而推动"写字教育"的发展也将是我国教育的一项长期任务。

(二) 书法是汉字艺术的主体,建议恢复"书法进课堂"

谈汉字不能不谈书法,书法是"写字",但又高于"写字",是一门艺术。所谓"书法","书"是写,"法"是度;"书法"即"书"中有"法";中国书法艺术把蕴藏在个人身心的思想感情化作了一种有形有色、有声有歌、有节奏有韵律、有神采、有极大震撼力和浓重感情的结晶体。但这有一个前提,就是把"字""文""书"三位一体地进行考虑。书法家用笔墨表现自己对国家、民族、生活的热爱,寄情于此。中国书法拥有广泛的社会基础,全国有数以亿计的书法爱好者。

1. 现代汉字艺术——书法的发展趋势。书法是汉字艺术的主体,是中华文化思想最凝练的物化形态,是历史的文化产物,是东方意识灵魂的集中体现,具有鲜明的地域性和民族性,积淀着多层次华夏民族的文化心理,附着丰厚、灵动、整体的精神特质,可谓是流淌广远、包容万象。然而,在日益发展的经济全球化的大背景下,新旧时代的转型过程中,文化趋同所形成的单一问题,引起了人们的极大关注,如何借鉴和发展,俯瞰和概括地域性、民族性的文化传统,进行纵、横面上的融合和贯通,建立多元的文化格局,现在已成为各个领域需要认真面对的重要课题。书法艺术的创作当然也不例外,作为汉字艺术最早的表现形式之一,既承载着语言信息传达的功能,又极具艺术表现,反映着人们对客观事物的意向认识,记录着人们的情绪心智和生命历程。因此,就书法艺术的创作而言,必须在立足汉字艺术体系的基础上,以求得书法艺术创作的延续和拓展。

2. 建议恢复"书法进课堂"。2009年9月底,联合国教科文组织审议通过了2009年《人类非物质文化遗产代表作名录》。我国申报的22个项目入选,中国书法名列其中。书法申遗成功后,我们还有很长的路要走。中国书法的继承和发扬,需要在社会上烘托起习写书法、欣赏书法的氛围,需要恢复书法进课堂,使其在中国具有群众性,在新的时代焕发出更加灿烂的光辉。这是比申遗更加漫长、更加艰巨的历史任务。

2009年12月2日《北京日报》发表了笔者的文章《恢复"书法进课堂"》。

书法作为传播中国文化的汉字符号,在中国的近邻日本和韩国受到了空前重视,全社会均崇尚书法。日本把书法作为自己"国魂教育"的一部分。书法在很早以前就传播到了受中国文化深远影响的韩国、日本以及东南亚等国。国际书法交流在当代也越来越频繁。在世界各地,只要有中国人的地方就有书法。很多来中国的外国友人也通过学习书法进而了解中国,认识中国。当代艺术、建筑和设计也从书法中汲取有价值的元素。

笔者被评为2015年度"北京社会好人",这是2015年11月中共北京市委社会工委颁发的荣誉证书。

毋庸讳言，书法在中国具有群众性，但在许多人心目中地位并不高。恢复和推进"书法进课堂"势在必行，我们推崇恢复"书法进课堂"，并不是说让每个学生都成为书法家。而是让书法有一定的社会基础，对于书法进中小学课堂，让中小学生练习一下毛笔字，触摸一下博大中国文化的一边一角，对其修养大有益处。但目前专职的书法老师很少，多数学校是美术老师兼教书法。笔者建议，这样的教学体验不能流于形式，需要相应的师资进行配套。师范院校可开设对应的书法教育专业，多培养具备书法教育资质的老师。相关部门可通过多种渠道开设形式活泼的书法欣赏讲座或业余爱好者交流平台，让书法更贴近大众，尤其是青少年。否则复兴传统文化无从谈起。书法最具历史内涵，因为我们祖先很多宝贵的东西都是通过文字书写传承下来，没有文字又何来我们五千年的文明？"写好中国字，做好中国人"。没有传统文化的支撑，是不可能真正理解"和谐社会"的深刻内涵。

四、繁荣和发展汉字文化建设中华民族共有精神家园

中华文化是中华民族生生不息、团结奋进的不竭动力。要全面认识祖国传统文化，取其精华，去其糟粕，使之与当代社会相适应、与现代文明相协调，保持民族性，体现时代性。当前正处在全面建设小康社会的关键时期，繁荣和发展汉字文化尤为重要，甚至可以说是当务之急。

1. 有法可依。2001年1月1日起颁布施行的《中华人民共和国国家通用语言文字法》明确规定："国家推广普通话，推行规范汉字。""学校及其他教育机构以普通话和规范汉字为基本的教育教学用语用字。"这为汉字文化发展提供了法律保障。

2. 科学发展观的必然要求。科学发展观要求实现人的全面发展，不

仅要通过发展经济不断改善人们的物质生活，而且要通过精神文明建设不断丰富人们的精神生活，进而提升人的素质、协调人际关系。在这一方面，中华文化最基本的因素——汉字大有可为。在全民中普及汉字教育可以有效达成人的全面发展，实现人与人之间关系的协调。正确处理人与自然的关系，是保障可持续发展的基础；而正确处理人与人的关系，则是实现可持续发展的核心。

新形势下，我们对待汉字的认识正在走向成熟。当前，汉字文化正处于历史上最好的发展时期。一方面，大力发展包括汉字文化在内的社会主义先进文化已得到党和国家的高度重视，并已成为社会各界的共识，汉字文化面临着广阔的发展空间；另一方面，改革开放30多年来，我国经济社会各项事业取得了长足发展，汉字文化具有坚实的发展基础。

综上所述，正确处理中华民族传统文化发展前进中的矛盾和问题，积极应对互联网时代对汉字教育的冲击，以科学发展观为指导，通过推进"写字教育"和恢复"书法进课堂"等诸多方式，实现汉字文化的可持续发展，继承创新，使得这种文化更加光辉灿烂，最终实现社会主义文化大发展大繁荣。

（原载2010年3月1日《名人名家书画报》）

上海世博会做好书法大文章

上海世博会即将开幕,围绕世博的各项主题活动已次第举办。当代书法大家李铎,日前对书法艺术如何搭上世博会这趟快车,发表了自己的看法。"把世博会作为展示中华文明的大窗口,广泛开展对外交流合作的大平台,学习优秀文明成果的大学校",这是李铎的基本看法。他认为,书法艺术可以延伸世博效应,我们应该以更加主动的姿态、更加开阔的视野、更加开放的心态,做好书法大文章。

李铎说:"书法作为中国先进文化之一,它是神圣的,也是最贴近人民精神生活的。世博会是世界的,中国的,同样也是广大艺术家的。"他认为参与上海世博会是宣传推介中国书法的良好机遇,书法界要利用好这个机遇。他说:"中国书法艺术把蕴藏在个人身心的思想感情化作了一种有形有色、有声有歌、有节奏有韵律、有神采、有极大震撼力和浓重

2010年7月31日,北京世纪名人国际书画院在全国政协礼堂举行该院中国画创作委员会成立大会暨"情系世博"名人名家书画笔会,李铎为笔会开笔挥就自作诗《七绝·上海世博会》。

感情的结晶体。书法家用笔墨表现自己对国家、民族、生活的热爱，寄情于此。这场全球高新科技与文化艺术互相交融的顶级盛宴里，如果将书法艺术融入其中，将为中国书法积极打造品牌、开展对外交流合作，创造难得的机遇。"

李铎饱含深情地说："2008年北京奥运会的成功举办，不仅展示了五千年中华文明，而且标志着历史掀开了新的一页，让世界看到了一个团结一致、蓬勃向上的中国，一个更加自信、更加开放的中国。奥运会的成功举办，有世界人民的贡献，有全国人民的贡献，也有我们书画艺术家的贡献，其中北京奥运会标志'中国印'就是很好地体现。我们热切期待中国书法在上海世博会上的精彩展现！"

李铎还即兴赋诗《七绝·上海世博会》："人间何处绽奇葩，且看新开世博花。二百多家光灿灿，花光绚丽际无涯。"

（原载2010年4月14日《中国书画报》头版）

广集博采　深入精出

——记李铎师生书画作品展

　　4月19日，由中国书法家协会、中国人民革命军事博物馆联合主办的"仕龙书屋翰墨飘香——李铎师生书画展"开幕式在军事博物馆隆重举行，全国政协副主席白立忱，总政治部副主任杜金才，中国文联党组书记胡振民，中央纪委副书记黄树贤，全国政协原副秘书长、世纪名人国际书画院院长张道诚，外交部副部长李金章，中国文联党组副书记覃志刚，文化部副部长、中国艺术研究院院长王文章，中国文联副主席、中国美协主席刘大为，中国书协主席张海，中国书协顾问、解放军书法创作院院长李铎，中国书协顾问张飙，中国书协分党组书记、驻会副主席兼秘书长赵长青，中国书协副主席申万胜，中国书协分党组副书记、副秘书长陈洪武，首都书画界知名人士赵学敏、康成元、吴震启、孙晓云、刘洪彪、朱守道、张坤山、张铜彦、高庆春、苗培红、杨明臣、卢中南、彭利铭、龙开胜、张维忠等以及书画爱好者800余人参加开幕式并参观展览，军事博物馆馆长陈士富主持开幕式并讲话。

　　赵长青、陈士富分别代表主办单位致辞，他们对李铎先生给予很高评价。中国书协顾问李铎先生是当代书法大家、德高望重。李铎先生从艺70周年，为中国书法事业的繁荣和发展、书法创作和教育，作出了突出贡献。其名享誉中外，德艺双馨，为书法界树立了典范，为大家所敬仰。李铎先生是诗人，学识渊博，才思敏捷，又有深厚的古典文学功底，他不仅书法艺术精湛，而且更注重人品修养。他致力于书法教育事业，以德育人，以书教人。理论联系实践，形成了以"临、立、变、创"为代表的书法理论体系，其书艺理论专著《论书断语》成为一些有学养的书家和广大书法爱好者的参考读物。位于军事博物馆一层以李铎字号命名的仕龙书屋，翰墨飘香，是李铎先生数十年创作研究、教学实践的主要场所。在这里，他遍临历代名家法书，广集博采，兼收并蓄，以魏隶入行，创出古拙沉雄、苍劲挺拔、雍容大度而又舒展流畅的独特书风，形成了李铎书体。在这里，他为军队现代化建设创作了大量书法作品，还为工厂学校、名胜景区、寺宇庙堂、街市商厦题写了大量书法作品，积极为社会服务；在这里，他致力于书法教育事业，为不计其数的求学者传道解惑，其学生遍及全国，其中有些已经成为全军乃至全国书法名家和创作骨干，学有所成，可谓桃李满园。

李铎先生致答谢辞，他饱含深情地说："今天我们师生42人雅集于此，求教是真。书法事业作为先进文化之一，它是神圣的，也是最贴近人民精神生活的。七十年的艺术实践自己的体会是，要想在艺术上有所长进，就要不断地学习，不断地激励自我。'扶摇攀桂殿，再逼几层梯'、'此生最爱忙中学，白发黄鸡休再提'。在艺术上我将继续努力，'三人行必有我师'，原与志同道合的书画朋友，取长补短，共同进步，力争为社会主义先进文化事业多做一些贡献。"

本次展览共展出了李铎、苗培红、卢中南、王勇平、杨明臣、高军法、王学岭、孙德才、赵勇、鲁德林、陈泽坤、

2009年4月8日，李铎为《名人名家书画报社》题名。

陈培伦、顾逸、李然、邹正桃、丁谦、王国祥、唐湘子、卿建中、庄明正、赵海明、裴开元、曾正国、赵小石、张维忠、龙开胜、萧华、李志成、崔勇波、陆千波、汪碧刚、王洪远、杜志刚、杨代好、姚惠敏、赵冠一、彭相泰、陈湛华、杨崇学（杨之）、周建远、刘晓山、陈晓彦42人的书画近作108幅，书体多样，风格各异。参展的学生中，最长者64岁，年龄最小的25岁，人才济济。其中有多位在书法创作领域成果显著，在全国各类书法大赛中频频获奖，有的还是中国书法最高奖·兰亭奖书法创作一等奖得主；有些学生在书法理论方面颇有建树，形成了较为全面的理论体系；这其中也不乏各类书画组织的领导者，致力推动书画事业健康发展；他们刻苦钻研，奋发向前，互相促进，相得益彰。这既是李铎先生艺术教育成果的一个缩影，也是李铎师生之间艺术形式与艺术内容、艺术语言与审美情趣的交流、互动，展示了李铎师生对艺术的追求和积极进取的精神，以及对生活的热爱和率真的内心世界。

　　开幕式后，李铎携全体参展学生向青海玉树地震灾区捐赠人民币330000元、书画作品125幅，帮助灾区学校援建1+1心联小屋，重建青少年和灾民的精神家园，中华慈善总会副会长张道诚接受捐赠。李铎现场题写了大幅书法作品"大爱无疆"并表示愿为玉树地震灾区灾后重建继续尽心竭力。

（原载2010年4月25日《人民日报》）

德才兼备比学历、资历更重要

　　现行的社会评价体系，使得人们格外注重学历和资历，无论是公务员的招考还是职务的晋升，都会设置诸多学历门槛，各级组织人事部门的考核任用也会以此为基础。高学历被视为人才，海归被当作特需人才。在这种背景下，包括书法界在内的社会各界推崇"研究生"之类的高学历，也是一种必然趋势。从某种意义上说，这也是社会进步的体现。若想跻身于文化界，没有文化怎么行？很多人便以学者、教授自居，实在不行花钱在各类高校名目繁多的"在职研究生""硕士研究生课程班"……混个"研究生"头衔，以期博得社会尊重和认可。这是社会风气，势头难挡呀。冷静思考这一社会问题，我认为很有必要。

　　古今书法大家，恐怕拥有"研究生"学历者寥寥无几。首先要搞清楚什么是学历？学历是指人们在教育机构中全日制接受科学、文化知识的学习经历。这其中所涉及的学历是指国民教育系列的学历。在实际生活和工作中，人们通常讲的"学历"则是说他最后也是最高层次的一段学习经历。就书法而言，博士并非写出一手好字，更不一定能成为书法家。有学历不一定有能力。能力与知识、经验和个性特质共同构成人的素质。也就是说，书法家的素质需要有书法理论知识、书写实践以及自身文化修养等诸多方面。这和是否研究生学历不成因果关系。

　　我们常讲书法家、艺术家要德艺双馨。我认为，德艺双馨不是沽名钓誉所能获得的，更不是靠混个名不副实的"研究生"，或者经过炒作被推上光荣榜的。德艺双馨，是一个人经过若干年的思想修养和品质升华，再加之不懈的刻苦钻研、进取努力以精进业绩，使自身的技艺水平达到出类拔萃的高度。而他的信誉和声望，得到民众的认可并赞许。德艺双馨者，是国家和民族的骄傲，是业界的精英，更是国家建设的栋梁。正确把握德与才的辩证关系。德是才的统帅，决定着才的作用的方向；才是德的支撑，影响着德的作用的范围。与才相比，德始终是第一位的。只有把自身的价值实现和艺术追求融入为党和人民事业的不懈奋斗之中，书法家才能在纷繁复杂的环境中始终保持清醒头脑，为人民创作出更多更好的作品。清清白白做人、干干净净做事，这样的书法家、艺术家在德的方面才是过硬的。这也是个人健康发展的前提，没有良好的道德修养，一切无从谈起。因此，我始终认为德才兼备比学历、资历更重要。

（原载2010年11月6日《中国书画报》）

着力培养书学理论人才和青少年书法人才

中国书协第六次全国代表大会胜利闭幕了。会议分析了当前书坛面临的新形势、新要求,研究部署了今后五年的主要任务,选举产生了新一届理事会和主席团。作为一名代表和中国书协会员,会后,我一直在思考今后应该如何在书法事业中找准定位。

邓小平同志曾经说过:"要提倡顾全大局。有些事从局部看可行,从大局看不可行;有些事从局部看不可行,从大局看可行。归根到底要顾全大局。"意思就是理解全局和局部的辩证关系。当前,整个书法事业已进入历史最好发展时期。书法家和书法工作者要在千头万绪中辨明大局方向,在各种利益关系中维护大局利益,要理解和认清大局,始终坚持在大局下思考问题。古语云:"皮之不存,毛将焉附?"我们要自觉地把单位、个人的工作放到书法事业的大局中来考虑,而不能一味强调自身的利益;要将行动自觉地统一到第六届中国书协的决策和部署上来,在实践中成长。这也是我担任北京世纪名人书画院秘书长五年多以来的切身体会。

为实现我国书法事业的可持续发展,诚恳地给第六届中国书协理事会提两点建议。一是加强书学理论人才的培养,提高书学理论人才的地位,

2004年8月,中国书法家协会主席沈鹏(右)祝贺笔者的书法入选全国大展。

促进书学研究与艺术创作齐头并进。通过建立专项基金，对成绩突出的学术理论工作者给予大力扶持和奖励，为中青年书法家、理论家的创作建立档案，对其学术成果的宣传、推广予以扶持，形成学术研究与艺术创作共同繁荣的良好局面。针对工、农、商、学等行业以及偏远地区书法事业发展相对薄弱的情况，今后对这些行业与地区成绩突出的书家可吸收进入专业委员会乃至理事会。二是着力推进书法普及，培养青少年书法人才。近年来，电脑的普及，使实用性的文字书写功能特别是毛笔书写日渐淡化，使我国"写字教育"面临严峻挑战。搞好书法普及，推进"写字教育"，恢复"书法进课堂"，在开展"书法进万家"的基础上举办"书法名家进校园"活动，使更多书法名家与大、中、小学生面对面交流，这有益于培养青少年书法人才，促进继承与创新协调发展。

（原载2011年1月29日《中国书画报》）

书法大家的别样人生

　　李铎，著名书法大家，号青槐，字仕龙，汉族，1930年4月19日生，湖南省醴陵市新阳乡易家渡人。毕业于信阳步兵学校，大专学历，研究馆员。现任军事博物馆研究馆员，解放军美术书法研究院副院长、解放军书法创作院院长。第九届全国政协委员、第六届全国文联委员、第三届中国书法家协会副主席、第四、五、六届中国书协顾问、中国国际友好联络会理事等职，享受国务院特殊贡献津贴。

一

　　李铎幼时叫李青槐。青槐念过4年私塾。最后一年时，县里边下来个督学先生，长袍马褂，拄着文明棍。当时，反对私塾，提倡新学。督学先生就把读私塾的十几个孩子收拢起来，成立青泥湾第一国民小学。青槐开始读一年级。

　　上小学二年级时，青槐转到10多里地以外的新阳乡小学读书。

　　上高小时，青槐离开家，到20里开外的宁福小学上学。读了一年多，日本军队骑着马杀过来了。老百姓慌不择路逃到山里避难。晚上，青槐和伙伴们爬到山顶看，村里篝火通红。日本军队无恶不作，经常身上什么都不穿，腰上系个白布条，抓住妇女就强奸……这么祸害了一年多，青槐没有学上了。1945年春天，日本鬼子跑了，投降了。村民摸回家一看，家徒四壁，房顶给掀了，谷仓里的粮食没了，连田里的青苗也都叫日本人的马给啃光了。

日子还要过，那就开始种田。可父亲看着青槐就叹气。青伢子读了好几年书，干农活比村里伢子差远哩！指望他靠种田谋生，恐怕不行。伢子在家吃闲饭也不是个事，父亲就托一位乡亲，推荐青槐到45里山路外的醴陵中和瓷厂当学徒。

瓷厂老板60多岁，娶了个16岁的小老婆，生了个孩子。青槐去了以后，打水扫地，给孩子洗尿片子。此外，小青槐还要每天早上5点钟起床，把割来的藤子捆成一捆，到河边吊上石头浸到水里，到了晚上再把它捞上来。他天天早出晚归，不到夜里12点睡不了觉。

青槐打小就喜欢写字画画。刚来时，师父们在画室画瓷器，他就凑到跟前看。师傅们不让看，动不动找个理由把他支开。这在旧社会叫"三步留一步，免得徒弟打师父"。青槐想：我不能老干粗活重活，我得学点本事啊！于是，等别人都睡下后，青槐就偷偷溜进画室描画。有天晚上，青槐正聚精会神地描着画，偶然间觉得耳旁有人出气，回头一看，妈呀！老板就在跟前。出人意料，老板没发脾气，拍拍青槐的肩膀就走了。第二天，老板找到青槐说："我看你对这个书画懂点门道，从明天起，你和师傅们一个样，上案吧！"上案就等于从徒弟变成师傅，不用干下等活了，可青槐并不高兴。

转眼端午节到了，青槐跟老板请假，想回去看看家人。老板对青槐的印象颇好，临走时送给青槐大小共20个青花瓷碗。其实青槐回家看父母是假，逃走是真。他不想回来了，怎么说，读了4年私塾，一年多高小，好歹也算个识文断字的人吧，给老板当牛作马，青槐觉得憋屈。这活不能干！

到家，父母得知青槐的想法后犯了愁：你不回厂子怎么办啊？青槐说要上学。父亲没吭声，意思是咱家哪有钱供你读书啊！过了个把礼拜，瓷器厂的老板派人来抓人。

来人对李家提出3个条件：第一你去当壮丁就可以不回去；第二你继续上学也可以不回去，他们知道李家交不起学费；第三条路呢，你赔我一年半的饭钱。太霸道了，青槐的父亲气得一跺脚，说：我们上学！把来人打发走了。

青槐只读了一年高小，后补习了3个月，才拿到一个相当于高小毕业成绩的证明，可代替文凭去参加考试。一考，青槐被湘东中学录取了。

上中学得3年。李家把稻田卖了两亩，换来第一学期要交的谷子。青槐和父亲用小木推车将谷子送往学校。

上完一个学期，第二学期再卖田不行了，你把田卖光以后吃什么啊？只有借。青槐的父亲跑到地主家借高利贷，筹到了学费。到第二年上学，又要交14担半谷子，李家实在是凑不了那么多，愁死了。那个时候，乡下能上中学的凤毛麟角，像中举似的。得知青槐上不了学，有几户稍殷实些的李姓乡亲，你一斗、

2012年4月17日，笔者在全国政协礼堂主持"爱国为民崇德尚艺——2012年李铎'以文会友'联谊会"。

我一箩、他半担,又凑了7担半谷子。没过多久,解放军从江西打过来,醴陵一带解放了。当时,很多师生对解放军不了解,各回各家,学校秩序整个就乱了。

二

在湘东中学念书,青槐寄宿在他姑姑家。有一天,他在学校门口看到一幅第四野战军中南军政大学湖南分校招生的大标语。青槐扫了一眼招生简章,除了学历,其他条件他都符合。人家要高中毕业或肄业,青槐初中都没毕业,他心里直打鼓:这么好的机会赶不上,不甘心啊!

明明条件不够还想报考,青槐怕别人笑话,思来想去,就想改个名字,如果考取了就考取了,如果考取不了别人也不知道那个人是谁,不会留下什么话把儿。当时有富家子弟讥讽他癞蛤蟆想吃天鹅肉。他连夜翻字典,一翻就翻到一个"铎"字。他一看这字有唤醒民众之意,读起来也好听;字体繁,写起来一定好看。那就叫李铎吧。

考试之前,青槐鼓起勇气找了招生的解放军,把母亲无钱治病、他卖身当学徒、家里卖田送他上学等等的事全给讲了一遍。解放军对穷苦人抱有天然的同情心,招生的人就问他:你有什么特长?最喜欢干什么?李铎说,我喜欢写字,画画。招生的说,你写几个字看看。青槐拿起钢笔,刷刷刷地写了一段话。招生的说,这样吧,你把你的名字写上,我好记住你。青槐第一次白纸黑字签上"李铎"这个大名。

考完的第二天看榜,李铎早上5点钟就起床了。外面下着毛毛细雨,他打赤脚往外跑,到湘东中学门口,看榜的人已经站得里三层外三层。李铎钻进去在榜上找自个名字,哎哟妈呀,真有他李铎的大名!他一蹦老高:我考取了!这回,他不愁上不成学了,不愁上学没有钱了。招生的说了,解放军带走以后不会收学费的,供吃供穿。

李铎父亲闻知儿子考上军政大学的消息,跑到城里来,坚决不让儿子参军。李铎上学已交了7担半谷子,才读了5担谷子,还剩两担半谷子。谁知李铎早在父亲来之前,就到学校教务处退得两块半银圆。当时1担谷子是1块银圆。

父亲大发脾气:我辛辛苦苦养大你,让你读书你就这个样子?我养家糊口容易吗?我借高利贷容易吗?李铎据理力争:你阻拦我,我今后怎么办啊?这学期念完,下学期、下下学期的谷子到哪里去借啊?他把两块半银圆掏出来,说:爷老子(当地对父亲的称呼),我肯定要走的!你把这两块半银圆带回去,等我将来挣了钱,我还会加倍地寄回家里。

生米煮成熟饭,李铎的父亲也没啥办法,只得叮咛儿子:那就去吧,但是出门在外也不能空着手啊!遇到么子事手里有点钱,你就多一条活路,这个钱你拿着。父子俩坐在桌子两端,把银圆推来推去,谁也不肯拿这个钱。60多年后,李铎老先生说到此处,热泪盈眶,哽咽不已。

父亲最后坚决地说:这样吧,两块半银圆,你拿一块当盘缠,那一块半我回家交给你妈妈。怕父亲伤心,李铎只得听命。后来,这一块银圆李铎一直随身带着。什么时候想念父母,他就掏出银圆看看。

三

1949年,在中南军政大学经过半年的速成培训,李铎以优异的成绩结业,被分配到第41军122师364团2营8连。随即,他跟随部队到广东肇庆一带剿匪和护路。大山深处,土匪一窝一窝地藏在山洞里。

剿匪很艰苦,也很危险。有次巡逻完回来,他们正坐在院子里乘凉,不知从哪打来的一阵黑枪,一颗子弹从老班长的小腹穿了过去。李铎和战友们七手八脚把老班长往医院抬。血都往肚子里面流,老班长感觉到自己不行了,对指导员说:"给我娘捎句话,就说我牺牲在战场上。"有一回,他们乘船沿东江而上追匪。船在江心走,突然,土匪从对岸冒出来,瞄准他们就开枪。一颗子弹"嗖"地飞过来,将一名女同志的踝骨打穿了。她疼得"哇哇"乱叫。李铎赶紧捂住她的嘴巴,说:"你不能叫,我们马上给你止血。"这些情景,至今让李铎记忆犹新。

剿完匪,打完南澳岛的仗,由于表现突出,李铎从团部调到师部,又调到惠州军部,接着顺利地入党提干了。

没多久,中央军委下来通知,要41军选派5个人到信阳步兵学校深造。李铎被选中。入校后,李铎拼了命地学习。各学员连每星期要出一期黑板报,放营院展览。每次评比,李铎出的黑板报都能拿第一。领导很满意,给他立了个三等功。

当时按苏联的制度培养优等生,全部功课都是5分就可以挑选工作单位。李铎的问题出在体育项目上。他身材矮小,苏式的木马老粗老长,他3年都没跳过去。毕业考试到了,李铎其他功课都是5分,独有体育只得了个4分。他不能评为优等生了,从哪个部队来回哪去。可没两天,领导找李铎谈话,组织上决定让他留校当教员。

过了大概两年多,机会来了:北京中国人民革命军事博物馆建起来了,光有房子没有人,要从全军调2000多名官兵。上级通知明确规定了一系列条件:第一,年龄不超过30岁,那时李铎29岁;学过社会发展史、唯物史观等5本书,他正规学过两次;个头不低于一米六,他刚合适;会说普通话，李铎的语言表达能力很强。干部部门对照一下李铎的情况，条条都符合，便征求意见，李铎说我做梦都想到北京。

从各大军区选调来的2000多人云集军事博物馆，俊男靓女，蔚为壮观。有进机关抓管理的，有负责展览和文物的，还有一部分人做解说工作。李铎普通话说得比较好，就分在解说大队。

解说大队下面还有中队，李铎当班长，从济南军区选来的山东姑娘李长华当副班长。李长华济南口音重，李铎时常帮她矫正发音。李长华有些课堂笔记记不下来，李铎就给她当教员。有一天，李铎正在宿舍外洗衣服，有人喊他接电话。等他接完电话回来，衣服和脸盆不见了。一问，原来是李长华给他端去洗了。还有一天中午，李铎刚躺到被子上，觉得身子底下硌得慌，一摸是一个苹果。李铎直截了当问李长华：我发现一个宝贝，不知道是谁放的？她未置可否。像这样零碎的事情时有发生，李铎就多了一份感动。

2012年1月7日，名人书画院在全国政协礼举办六周年院庆，李铎开笔"敬业乐群"。

1961年春天，李铎和李长华结婚了。两张单人床拼在一起，他的被子和她的被子撂在一起，就算成家了。那时工资很低，每次发工资以后，小夫妻俩把钱都摊在床上，然后找一张纸，写上柴米油盐需要多少钱，牙膏肥皂需要多少钱，党费需要多少钱，把这些必需开支留够后，剩下的给他湖南老家寄一份，给她山东老家寄一份，反正钱总不够用，一到月底就跟同事借钱或者到财务科预支工资。

四

李铎5岁读私塾，天天练毛笔字，有扎实的童子功。到北京后，见的世面多了，接触面广了，在哪儿都能看到一流的书法作品，感觉自个掉进了书法的海洋。常常是别人参观名胜古迹，他呢，四处临摹牌匾石碑。一次，参观十三陵水库，坝上好大好高一个碑，碑面刻着郭沫若写的铭文。李铎边看边品味，哎呀，这文也好，字也好，真个是宝贝。然后，他就挪不动步子了，拿出纸笔细细临摹，一直到夕阳西下，夜风萧萧。

游览颐和园，"颐和园"那三个字让李铎琢磨半天；参观北海，他又被北海的牌匾给迷住了；进了故宫，我的个天喽，里面那些手书真迹更是让他一步三叹，流连忘返。故宫珍宝馆、绘画馆、瓷器馆等馆标都是郭沫若题写的，看来看去，李铎对郭沫若的字愈加喜爱，觉得那字真个是气宇轩昂、气度不凡。

往后，李铎的工作经过几次调动，到办公室当秘书，后被任命为编研处研究员、研究馆员。

做秘书工作时，闲暇时光稍稍充裕，李铎内心对于书法的热爱又开始活泛起来。没啥钱买纸和笔墨，李铎就走到哪写到哪，用手指在大腿上比画，在空气中写。夜里睡不着，他起来蹲在厕所里，用毛笔蘸点水在水磨石墙上写。他和家人到海边玩,他利用海水有节奏的起落,就用树枝在沙滩上写……

有一次,李铎寻旧报纸引火烧饭。他一抬头看见墙上贴着一张熏黑的报纸,报纸上有一块肥皂盒大小的地方,刊登着郭沫若的书法作品,那文尾的署名有一种特殊的味道。李铎如获至宝,把报纸从墙上揭下来,再把登郭老字的这块剪下来,用水洗净,晾干。这块小小墨宝,让李铎研习临摹了很久。

以前嘛,李铎照着王羲之的《兰亭集序》,认真练过一阵子。可自从被郭沫若的书法迷住后,他就集中时间专攻郭体。那会,李铎常到荣宝斋去参观临摹,因为那里挂着不少郭沫若的真迹。

时间一长,李铎结识了荣宝斋的一个副老总王士之,还认识了一个孙组长。一来二去,彼此成了朋友。王副总经理和孙组长都是热心人,时常拿出他们收藏的一些名家墨宝让李铎观摩学习。慢慢地,在现场看不满足了,李铎就想拿回家来研究。王士之是个惜才之人,他借给李铎一幅郭沫若的代表作。为了临摹得更准确,李铎买了一种很薄的纸,制作了一个拷贝箱。什么拷贝箱?就是把一个方凳子翻过来四脚朝天,然后从外面拣回一块玻璃放在上面,再把郭沫若的字放在玻璃上面,然后再放一张半透明临摹纸,最下面的台灯拧开以后,薄纸上的字迹清清楚楚。

五

这么下功夫还能不成事?李铎的书艺不断精进。有一天,《解放军画报》的一个年轻编辑来军博办事,到办公室找秘书接洽,见李铎正在给别人开介绍信,就在旁边看。李铎的一手毛笔字写得龙飞凤舞，好不潇洒。该编辑赞赏地说：你给我们写写标题行不行啊？堂堂的《解放军画报》让他写标题，他求之不得呢！于是赶快表态说，可以啊！从这起，他开始给《解放军画报》写标题，每期最少写一条，多则两三条。浙江有个地方建起一个大水库，名叫梅垄水库，当地领导就写信给《解放军画报》，要写标题的那个人（那时作者都不署名）给他们题写库名。信转到李铎手上。大坝上的每一个字要做好几丈高，这可是展示才华的大好机会啊！李铎乐此不疲，复写了好几遍，选自己最满意的一幅给寄去了。

梅垄水库剪彩那天是人山人海，很多人都被"梅垄水库"那几个熠熠生辉的大字所吸引，都在打听这字是谁写的。不久，梅垄水库附近的公社又搞了一个水库，领导说我们还请这个人题写库名。信又转来了，李铎当然义不容辞，又高高兴兴写好给寄走了。连续两次为水库题名，李铎在江浙一带广为人知。

早年，北京市铁路局有一个郎局长，喜欢写字画画，常到李铎办公室溜达。有一天，他抱来一本大册页，提出一个要求：毛主席发表的27首诗，你用郭沫若体，一首一首写到册页上去。李铎很认真地完成了朋友之托。有的书画家去了郎局长家以后，他就把那个册页端出来，说我给你拿个宝贝，看一看是谁写的。那些人一看是郭沫若的字，惊奇万分：你在哪里搞到的？太有价值了！以后郎局长逢人便说，李铎是郭沫若第二，已经到以假乱真的地步啦！

1976年打倒"四人帮"，郭沫若写了一首词《水调歌头·粉碎"四人帮"》。荣宝斋这个时候就想出一张挂历，他们的设计是这样的：上面是郭沫若的这首词，中间是一幅《三打白骨精》的画，底下是日历。这个挂历可不得了，发行不是一万两万，而是几百万份，全国各个地方都有。王士之就请李铎用郭沫若体书写郭沫若的词。郭老的这首词李铎写得得心应手、大气磅礴，一经面世，顿起波澜。从此，李铎在全国名声大噪。

六

到这个程度时，李铎就有一个想法：我学郭沫若仅仅是一个阶段，如果这一辈子就写郭沫若体，即使我写得再好也超不过他。

李铎总结出研习书法的四字箴言：临、立、变、创。临帖分两个阶段。第一个阶段是临摹别人的东西，叫作真临，就是要一笔一画地临，要边临边悟，边悟边记。由"临"到"立"，是一个坎，就是离开郭沫若体，去走另外一条路。当时他很苦恼。用什么方法立呢？李铎当时想的就是将魏碑隶书的笔法，掺到行书里面去。作品一出来受到很多人非议，一些朋友劝他：老李，你别改了，大家很喜欢你写的郭沫若体，你写郭体就行了。李铎不听，一定要跳出郭沫若体，发展一个新的方向。他宁愿一时写不好，也要不断摸索前进。

接下来，他进入了再学习的阶段。李铎买了很多帖，看见谁写东西好，总要认真揣摩。

北京北海公园里边有座古时的房子，叫三希堂，所有的墙上都是碑，里面有王羲之的《兰亭集序》、王献之的《中秋帖》、王珣的《伯远帖》。李铎知道这个三希堂后，一早背着一壶水一包饼干，就进去了。在那些碑帖前，李铎目不转睛，边看边描。下午5点多钟，公园要关门了，门口有个女的大声喊里边有人没有？李铎这才反应过来，周围早已空无一人。亏得那个女的嗓门大，否则李铎就要被关上一宿。

坐到公共汽车上，李铎感触颇深，吟诗一首："雨霁春山碧，凌风紫燕飞。三希堂上客，日暮不知归。"

李铎是什么时候改变了自己的风格呢？大概是1986年到1987年之间。以签名为例，最初是写简化字，后来写繁体；刚开始铎字最后一笔是竖着拉下来的，后来就横过来了。以后差不多每10年变一次。李铎说，书法这个东西更不能墨守成规。原来觉得好的，现在觉得不好了，不好就变，变了以后觉得又不好了，再变。李铎长期观摩各类书法，参观各类展览，到处吸收营养，就像蜜蜂采蜜一样，不仅在一朵花上采蜜，而且在千百朵花上采蜜，采过来为我所用。最后他写出来的东西既不是帖上的东西，还不像某一个人的，就是把各方面的优点综合在一起，自己去进行的一种再创造。

"以魏隶入行，独创出古拙沉雄、苍劲挺拔、雍容大度而又舒展流畅的书法风格——李铎的作品于平淡朴素中见俊美，于端庄凝重中显功力，气度不凡，雅俗共赏。"这是行家对他的评价。

一旦形成自己的独特风格以后，李铎的书艺便如入无人之境，挥洒自如，纵横驰骋。

七

1982年2月，李铎偕夫人荣归故里。在株洲他只能住一个晚上，好多人围着他求字。一个叫朱汉卿的县长闻讯拿来杜甫的诗《次空灵岸》，请他写一幅大字，准备将其雕刻在空灵岸上。空灵岸就是湘江边上的一个悬崖，有十几米高，30多米长，上面盖了一个大庙，有千年历史。最是难拒故乡情。李铎说，我写一张六尺整张的，你们拿去放大。李铎一笔在手,激情在胸,脑子里边没有一点郭沫若的影子了,也没有其他的一个固定文本的影子了,写什么样就什么样,就是写漏了字写错了字也不管了,随心所欲,恣意汪洋,挥洒自如,一气呵成。

围观者掌声如潮,师法者心满意足。后来,由杜甫作、李铎书,高6.4米,宽21.8米的《次空灵岸》巨作,果然高悬于空灵岸悬崖之上,脚下是滔滔湘江,成为当地极负盛名的一景。

李铎说:有压力不一定不能写好,但是一定情况下,很急促的情景,很放松的心情,哗哗哗一挥而就,可能就出精品。

20世纪90年代,中南海请李铎写一张大字,内容是一首毛主席的诗。李铎到中南海一看,那个纸很大,偌大的一张桌子上都铺满了;那个字很多,有100多个。李铎个子小,胳膊没那么长,坐下来写不行,站起来够不到写第一个字的地方。他就让几个战士配合,向上拉纸,向下拉纸,向左再向右拉纸。他写一个字,瞄一瞄线路,有点像丁俊晖打台球,看准了球路才下手。这幅字李铎十分满意。

新疆吐鲁番有个火焰山,四围都是黄沙。驻军给李铎写了一封信,请他书写"火焰山"三个字。李铎对边防部队的要求一向有求必应,很快写好给他们寄去了。当地的同志将"火焰山"刻在一块大石头上,让此处成为人们观赏火焰山、也是照相的最佳地点。2000年,

2011年3月5日,李铎夫妇金婚纪念日,向笔者夫妇赠送纪念品。

李铎随军博赴大西北慰问团到了新疆。在火焰山下,维吾尔族男女青年翩翩起舞,还有一些长者吹喇叭打鼓,欢迎远方来客。陪同人员介绍说,"火焰山"3个字就是这位书法家写的,他叫李铎。维吾尔族同胞的心情更不一样了,马上给李铎戴上新疆小花帽,围着他跳啊唱啊。一位维吾尔族干部对李铎说,你这三个字嘛,写得好嘛,我看这三个字就像火焰山一样在燃烧嘛,奔腾向上嘛!给我们的旅游事业做出贡献了嘛!

现在,人民大会堂、毛主席纪念堂、军委办公大楼,几乎所有重要场所,都悬挂着李铎的作品;大漠边关、高山哨所、海防一线,到处有他留下的墨宝。他的大作还漂洋过海,成为国家赠送外国元首的礼品。

毫无疑问,李铎成为与沈鹏、欧阳中石齐名的当代书坛最具影响力的三大书家。

早在80年代就有人称李铎为大师,他从那时就反对,一直反对到现在。2010年7月,全国政协副主席、中国文联主席孙家正亲笔为《李铎图片集》出版题写的序言中称:"60载军旅生涯、70年艺术春秋、80岁人生历程——李铎先生是我敬重的长者和著名的书法大家。"

李铎,仍在不断进取。我们今年春节期间采访时,他正用一下午时间研读他的一位年轻弟子的书法作品集。这就是一位用70年创作实践继承创新、弘扬民族审美思想、建立自己的书法理论体系、为社会各界共识共知的艺术大家的风范。

(原载2011年3月2日《解放军报》;2011年4月8日《人民日报》海外版)

墨海诗浪激千里

——管窥书法大家李铎先生的诗词艺术

"红歌高唱党旗妍,日丽中天分外鲜。九秩艰辛宏国力,诗人兴会更无前。"这是82岁高龄的书法大家李铎先生的新诗《唱红歌》,音韵铿锵,壮志豪情。全诗意境开阔,气魄恢宏,洋溢着作者强烈的爱党爱国情怀,具有很强的艺术概括力。

1953年,李铎光荣地加入中国共产党,一直跟党走过了58年。这一走,从毛头小伙走成了耄耋老人;这一走,风雨再大也未曾回头。李铎5岁读私塾,15岁当学徒,17岁重返中学继续求学,19岁考入军政大学参军入伍,并参加了剿匪、护路、解放南澳岛,23岁选调到信阳步兵学校学习,毕业后留校当教官,29岁调到中国人民革命军事博物馆工作至今。

我仰慕李老已久,有幸有缘和先生相交多年,随先生学艺。他平易近人,谦虚谨慎,知识渊博,注重传统,一身正气。近两年,我和几位同事帮助李老整理资料,发现了李老从20个世纪70年代以来的近千首诗词手稿,于是多次建议他举办个人诗词书法展(早在2002年湖南人民出版社就出版了《李铎诗词书法集》)。当然,我们这一倡议得到中国书协与众多同道的支持。

李铎涉足诗词,与其青少年时期的刻苦研读是

2012年6月26日,李铎书艺研究室成立三周年总结暨座谈会在军事博物馆举行,笔者以李铎书艺研究室负责人身份汇报工作。

分不开的。还是在上中学的时候,他就对中国的古典诗词产生了浓厚的兴趣,对唐诗宋词更是喜爱有加,百读不厌。他既喜欢李白的豪迈奔放,又喜欢李清照的婉约清丽;既喜欢岑参的苍凉悲壮,也喜欢苏东坡的潇洒飘逸,对杜甫、王昌龄、王维、辛弃疾的诗词也很感兴趣。诵读的同时,也对诗词的格律进行了探索,并且开始了尝试,先写律诗,再写古体诗,通过长期的领悟和理解,他内蕴感情,外修文采。从军60载,更使他形成了独特的阳刚英武、博大恢宏、放眼世界的诗词风格。

每逢重大事件或节日,李老都以诗歌的形式记录下当时的情景和情感。我们可以从他的《八十抒怀》中领略他的博大精深:"香樟渌水大王山,白鹭纷栖雪满巅。少小扶竿舢竹渡,嬉玩犹在数天前。凭窗几度怀乡远,老病仍依桌案边。索隐探幽三昧久,神游太古八荒天。"从诗文上看,他的审美思想中既有大江东去的豪壮,也有浅唱低吟的婉约,他在此方面的深厚造诣曾受到启功等前辈硕学的称赞。

1985年黄鹤楼重建落成后,李铎应邀登临览胜,巍峨壮观的黄鹤楼触发了诗人的灵感,面对滔滔江水,遥想千年古楼的沧桑变迁,诗人浮想联翩,百感交集,当即口占一诗:"客子停舟欲上楼,登临回望楚江秋。乡书日夜浮黄鹤,闲却霜天万里鸥。"李铎曾登门请启功先生正诗,启老对这首《登黄鹤楼》颇感兴趣,他从头念了一遍后,把目光停留在最后一句,一边打着节拍,一边轻轻摇着头,慢慢吟道:"闲却霜天万里鸥。"吟罢,转身对李铎说:"我可不是奉承你呀,你这诗写得真好,格律没问题,内涵也很好,确实不错。就这样多写。"后来,这首诗连同李铎的书法一起被镌刻在新落成的黄鹤楼诗廊。

李铎作诗,格律谨严,用字讲究,平仄粘对和谐,继承了传统诗歌的形式美,以表心境。品尝其味其韵,如天籁自鸣,清泉流响,潇洒明快,自然清新。每每于铿锵顿挫中抒发胸中浩气,折射心灵之光。其一咏一叹，充满着对祖国壮丽山河的爱恋与赞颂，洋溢着对社会对人生的讴歌与体察，流露出浓厚的时代气息。

在2001年建党80周年之际，李老赋诗一首："日照乾坤赤，霞飞宇宙平。党风光霁月，惠语入心清。春到梅先发，冬残柳待盈。春风催百卉，万里奋鲲鹏。"其诗立意深远，反映新时代，表达人民的心声，是思想性、艺术性俱佳的佳作。他用诗的琼浆来浇胸中块垒，用诗的甘露涵养腕底笔墨，从而赋予线条以生命的活力，在挥洒自如、阳舒阴惨中，抒写着理想、追求与向往。其诗词书法，相得益彰！

诗言志，书传情。诗的抑扬顿挫与书法的纵横捭阖，诗的一咏三叹与书法的一波三折，诗的音韵节奏与书法的轻重徐疾，在内含美质上是契合一致的。他的书风与他的诗意达到了相应相合，如果说他的诗词是诗苑佳卉、空谷幽兰，那么他的书法则像书林巨树、墨海游龙。他时而向墨海潮头遨游，时而于诗国幽境徜徉，进入达其情性、形其哀乐的艺术境界。诗的意境，也是书画创作的至高境界，能达此者，便是"风流高格调"。从这个角度看，李铎作为诗人书法家是当之无愧的。

李老在其《论书断语》中写道："书之佳作，常为书文谐合，词翰兼优。只重书写技法，不顾文辞内容，难成佳构。写什么，怎样写，每能折射书者学养与道德品位，古来如此，今亦宜之。"又云："诗书画，血脉相连，如同胞姐妹。三者兼学并举，相得益彰。古之大家，大抵如此。故习书之外，旁涉诗词画艺，不无裨益。"诗词与书画的辩证关系，由此亦可见一斑。

"我心向党，感恩祖国。"李老说，多么美妙的诗都来源于生活，来源于社会，只有人心向党、胸怀祖国，才能不愧为诗人。

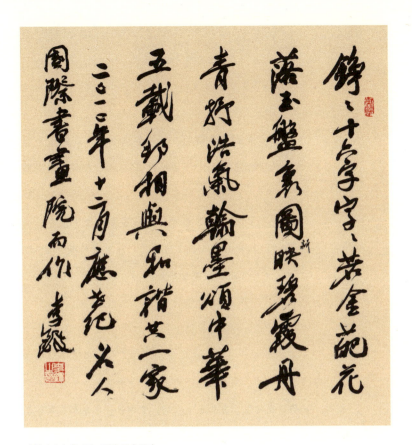

李铎为名人书画院五周年院庆题诗

李老如此说的,也是这么做的,他经常为社会捐款、捐物、救灾、济困,无私奉献。仅以支持家乡建设为例,李老已先后为此捐献近300万元。

李铎用自己的70年创作实践书写了一代艺术大家的历史。他继承创新,弘扬民族审美思想,建立了自己的书法理论体系,创造了李铎书体,写下了诗词佳句,以翰墨回报社会,成为一名被当代社会各界共识共知的真正大家。

(原载2011年7月27日《中国文化报》;2011年8月5日《人民日报》)

壮哉　大家风范

——"李铎诗词书法展"回访

嘉宾：李　铎（中国书协顾问、解放军书法创作院院长、中国艺术研究院博士生导师、北京世纪名人国际书画院艺术顾问，文职将军）

汪碧刚（全国青联委员、中国书协青少年工作委员会委员、北京世纪名人国际书画院副院长兼秘书长）

记者：兰干武（《书法报》执行主编）

时间：2011年10月23日

兰干武：历时半个月的"我爱我的祖国——李铎诗词书法展"取得圆满成功，并在社会上产生了广泛的影响——展品极其震撼、社会极大关注、业界极大认同，党中央、中央军委领导参观展览并一致给予高度评价，100余位部长将军前来观看，30多万观众现场观摩，好评如潮。特别是受到了中央的重视，汪先生作为策展人，您先说说吧。

汪碧刚：此次展览历时半个月，开幕式隆重热烈，中央领导参观鼓励。中共中央政治局委员、中央书记处书记、中宣部部长刘云山专程前来参观。刘云山说，书法艺术的繁荣进步，一靠传承积累，二靠创新创造。李铎先生大力提倡继承和发展，在继承的基础上讲发展，在发展的前提下讲继承。他盛赞李铎先生是享誉海内外的书法大家，提出文艺界要向李铎先生学习。这是中央对这次展览的充分肯定，也是期冀我们对当代书坛和书展进行更多、更深的思考。

解放军总政治部副主任吴昌德在开幕式上致辞，他对李铎先生给予了高度评价。他指出，李铎先生的可贵可敬之处在于：他始终坚守中国传统的清高品格，为人师表，培养扶持了一大批中青年书法人才，可谓桃李满园。他希望全军书法家向李铎先生学习。

兰干武：李岚清同志来看了展览，还称李老为李老哥，这是怎样的缘由呢？

汪碧刚：8月18日，原中央政治局常委、国务院副总理李岚清专程参观展览。李岚清仔细观看展览，并听取了李铎先生的讲解，他对展览形式、内容给予了充分肯定、极高的评价。李岚清同志还现场题词"壮哉美哉——向李老哥学习"，并笑称自己小李铎先生两岁，又姓李，故称李老哥。

兰干武：这次展出的作品，书法和诗词相得益彰，气势恢宏，请李老也说说吧。

李　铎：这次的作品以"我爱我的祖国"为主题，分爱党爱国、强国强军、登临揽胜、写景寄情、抒怀励志、澄观思远、继日以追7个部分，书法作品内容都是我的自作诗词（楹联），书传情，诗言志，诗词与书法相得益彰。这82首共140余幅，多为巨幅作品，书体多变，风格迥异，形式多样，格调高雅，气势宏大。旨在坚持先进文化前进方向，用精美的辞章和精湛的笔墨讴歌民族风格、描绘时代精神，充分展现正确的价值取向、健康的人生追求和高尚的艺术情趣。

兰干武：据说原计划只展览一周，后来却延长到半个月，是这样吗？

李　铎：是呀！谢谢大家了。展览开始计划只展两三天，后来确定为一周，但作品一展出受到社会各界的极大关注。"我爱我的祖国"主题引起广大读者的共鸣，参观的人络绎不绝。应广大观众要求，并且经过筹委会的协商，决定将展览持续到9月1日闭幕。

兰干武：李老德高望重，书如其人，不激不厉，风规自远。参观展览的除了领导还有普通书法爱好者，据说您亲自接见小学生并题词勉励。请谈谈这事。

李铎：呵呵，还真有这么回事。这次观众特多，在展览期间我为他们讲解一些诗词的创作缘由和经过，大家都认真聆听，让我很感动。特别是8月20日，来自广州市海珠区江海小学六年级学生黄焜隆跪在展厅地上逐字逐句抄写作品，极其认真。这事深深地感动了我，于是接见他，并送他一本作品集，还在扉页题了词，以资勉励。感人的还有，年过七旬的书法爱好者李代相连续六天来到展厅，带着小马扎，仔细观看，仔细临摹。这些都很感人。

兰干武：请汪先生也谈谈这方面的情况。

汪碧刚：这次的展览，除了上面提到的领导来观展，还有许多书法爱好者。我印象很深的有：来自河南周口的观众王少青留言："李铎诗词书法展体现了'六好'。一是主题立意好，主题定位为'我爱我的祖国'，充分展示了一位老党员、老军人、老书法家爱国的赤子情怀和报国的精神追求。二是内容选择好。三是书法艺术好。四是展出形式好。五是电视专题片好。六是先生讲话好。面对众多晚辈和学生，不激不厉，风规自远。

李铎点评笔者书法

尤其是最后一句:'谢谢大家了',让所有在场的人们都会重新认识怎么做人,什么是大家风范。"

兰干武:确实,李老以80多岁高龄,集中一段时间创作出140余幅作品,书体各异,尺幅不一,精彩纷呈,人书俱老,不容易。李老是文职将军,军旅生涯对您的书法有影响吗?

李　铎:说起军旅生涯和书法生涯的关系呀,说来话长,那可有很多感慨呢。这里简要说一下,我从小就对写字和画画很感兴趣,后来当了兵,生活艰苦,但却很能磨砺人。到北京后,有幸接触到更多的名家碑拓、经典书法作品,在书法艺术的殿堂,我常常流连忘返,很虔诚地与经典对话。我们都知道,书法的进步离不开书法实践和生活经历,我是一名老党员、老军人,我从军这么多年,与军营有深厚的感情,我爱我的祖国和人民,我把我的经历感受浓缩在诗词里,蕴藏在书法线条中。回忆军旅峥嵘岁月,慷慨激昂,所以,不知不觉写字的风格会往豪迈的方向靠。我的军旅生涯与书法融合在一起,相互影响。

兰干武:李老说得真好。这次展览是为纪念建党90周年特别筹划的吗?

汪碧刚:其实,早在2010年9月,李铎书艺研究室的邢旭东首先提出"我爱我的祖国"这一命题,并提出《我爱我的祖国——李铎艺术回顾》影视专题片需补拍一些镜头,于是李铎先生不顾年事已高,上黄山、赴延安等地进行采风。在这种情况下,大家一致赞成要举办"我爱我的祖国"主题书法展,这一提议得到李铎先生首肯。近两年,我和几位同事帮助李老整理资料,发现了李老从20世纪70年代以来的几百首诗词手稿,于是多次建议他举办个人诗词书法展,实际上早在2002年湖南人民出版社就出版了《李铎诗词书法集》。两项提议结合,"我爱我的祖国——李铎诗词书法展"应运而生。

李铎：他们的提议很好，今年是建党90周年，以"我爱我的祖国"为主题，举办"李铎诗词书法展"有着特别的意义。同时也作为建国62周年，建军84周年的特别献礼。所以，大家说干就干，我主要是集中时间写出作品，他们筹备展览。于是这个展览就这样及时谋划了。

兰干武：当今书法已步入展览时代，名目繁多的各类书展层出不穷，办好书法展览尤其是个展实乃不易，准备作品花了您不少心思吧？

李铎：确实呀，我主要是写作品，但每一幅作品都马虎不得。作为军人，一贯讲究严谨自律，所以作品首先要能过自己这关才交给筹备组。不少作品多次修改，仅展览词《祖国万岁》就易稿20余次，并在广泛征求意见的基础上才定稿。采取封闭方式，历时两个月，圆满完成本次展览的创作任务。

兰干武：这次展览反响很大，与策划是分不开的。

汪碧刚：确定主题后，2011年3月16日，中国书协批复同意与中国人民解放军书法创作院、中国人民革命军事博物馆、北京世纪名人国际书画院共同作为"我爱我的祖国——李铎诗词书法展"主办单位，展览进入实质性筹办阶段。四家主办单位随即成立筹委会，明确分工，各司其职。筹委会拟定工作时间表，选题、创作、策展等诸项工作同步进行。

2011年8月16日，笔者策划的"我爱我的祖国——李铎诗词书法展"在军事博物馆盛大开幕，图为开幕式现场。　　　　　原瑞伦／摄

兰干武：现在的书法展览，对展厅的要求也很高，你们对布展也花了心思吧？

汪碧刚：有了精品力作，如何紧扣主题表现出来，展厅显得尤为重要。李铎书艺研究室的原瑞伦对布展工作极费心思。军事博物馆东一层展厅宽敞高大、展线长，且一层观众多，恰恰符合要求。确定展览地点后，作品的装裱、作品集的编辑都基于"大气"的理念进行，一是祖国伟大，二是作品大气磅礴，三是李老的大家风范。

兰干武：本次展览得到广泛关注，你们在宣传方面也做了不少工作。

汪碧刚：李老的书法艺术享誉海内外，其诗词艺术也卓有成就却鲜为人知，展览前期宣传工作十分必要。所以在《人民日报》《书法报》等各大报刊宣传展览消息。

7月30日，四家主办方共同在全国政协礼堂举行"我爱我的祖国——李铎诗词书法展"新闻发布会，中国书协分党组书记、驻会副主席赵长青代表主办单位宣布展览将于8月16日至28日在中国人民革命军事博物馆展出。新华社、《人民日报》等媒体应邀参加新闻发布会。

兰干武：展览许多细节都很好，您认为细节重要吗？

汪碧刚：很重要，展览的一切都为整体服务，所以布展、开幕力求与主题呼应。8月初，展览筹委会与军事博物馆有关部门多次召开协调会，对布展、保卫、接待、宣传等各项工作逐一部署。展览分类7个部分，配有注释卡片，开幕式背板与广场海报设计制作统一协调。灯光、音响、乐队、安保等在开幕式前落实到位。出席开幕式相关领导的确认，遵循谁邀请谁负责的原则，剪彩领导具有广泛代表性。领导讲话稿、新闻通稿的起草力求及时准确。划分嘉宾及记者区域等都要考虑。

兰干武：当今书坛很活跃，李老对层出不穷的展览如何看待？

李　铎：当代书坛推精品、出大家，离不开成功的书法展览。书法家和书法爱好者对书展极为关注，认为是学习、临摹的良机。作品挂在展厅一目了然，优点缺点尽收眼底。当今书法已步入展览时代，时代呼唤大家，这就是说推精品、出大家离不开成功的书法展览。

兰干武：展览圆满结束，作为策展人请您简要说一下经验。

汪碧刚：书法展览是一项系统工程。策划、组织书展需要提高认识，立意深远，确定目标，明确主题，学术性、艺术性是前提。展览是一个团队行为。书法家的精品力作是关键，但筹备人员的通力合作亦非常重要，观众看的不仅是作品，还有诸多相关环节。非一人之功、一己之力所能为。四家主办单位的主要领导亲自挂帅，十分重视筹办工作，潘国华、郭志鸿、常向东、鹿振波、梁士泉、刘欧祥等多位同仁通力协作，具体组织实施了本次展览的各项筹办事宜，还有一些人默默无闻地给予了帮助。在此，借贵报一角表示深深的感谢！

当然，就本次展览而言，尚有许多不足需要改进，诸如学术研究、广泛宣传还不够深入等，需要反思。接下来要在这些方面加以改进。

（原载2011年11月2日《书法报》）

敬畏传统 书为心画

茶余饭后，我总会去做两件事，就是读书、临帖，而且努力坚持着。读书、练字、写作，其实只想让自己养成学习与思考的习惯，对于成名成家，未敢奢望。最近我一直深思，有些行业在建设文化强国中，已经"跑偏"了。各种名目的文化城、产业园雨后春笋般拔地而起，各地各部门一掷千金，城和园很快建起来了，但人们不禁要问：文化在哪里，其发展的动力又在哪里？如此就能建成文化强国？我的理解，建设社会主义文化强国，意味着我国将实现文化发展的国际化而融入世界文明发展的轨道。文化强国需要良好的国民素质作为支撑，只有全民参与，举国上下尊重文化、学习文化、拥有文化，才能迈向文化强国。从当前我国的国情看，我想应该把素质教育放在重要位置。

建设文化强国，书法界应该有所作为，并且大有可为。中央做出建设社会主义文化强国的战略决策，为更有效地推动书法艺术的大普及、书法事业的大繁荣、书法创意产业的大发展，以及书法工作者社会地位的大提升，提供了最有力的精神动力。书法家可以充分地施展才华、发挥作用，把一腔报国之情都释放出来，为实现文化强国和中华民族的伟大复兴做出自己应有的贡献。

一、对待传统要心存敬畏

书法艺术是中国传统文化的瑰宝，在传承中华文化、弘扬民族精神、丰富人们文化生活、加强精神文明建设方面发挥着重要作用。只有尊重传统、珍视传统，学习先辈前贤的宝贵经验，领悟历代书法大师的艺术智慧，借鉴世界优秀文明成果，兼收并蓄、推陈出新，才能不断增强中国书法艺术的活力、创造力。中国之所以成为世界上最早的几大文明古国之中绝无仅有的延续至今的国家，一个重要原因就是中华文化具有顽强的生命与内在的活力。就书法而言，不临不习，如何传承？

二、写字与做人并重

书为心画，书法作品是作者的德行、品性、品藻的反映。扬雄《法言·问神卷第五》："言，心声也；书，心画也。声画形，君子小人见矣。"朱长文《续书断·神品》："鲁公（指唐朝大书法家颜真卿，笔者注）可谓忠烈之臣也。""其发于笔翰，则刚毅雄特，体严法备，如忠臣义士，正色立朝，临大节而不可夺也。扬子云以书为心画，于鲁公信矣。"这段话的大意是：一个人的语言，反映其内心境界；一个人的字迹，反映其德行品性。按这两点，就可以判断此人是君子还是小人。书法家的字写不好是说不过去的，书法家的人做不好是绝对不行的。愿与书法同道共勉。

（原载2012年第4期《艺术教育》）

积跬慎始　未敢停步

常怀感激之情，常抱进取之心，常存敬畏之念。拙文集《笔墨青春》即将付梓，感慨颇多。有幸忝列全国青联委员，诚惶诚恐，感尚且青春，以笔墨而记之。

我自幼好舞文弄墨，走上工作岗位后，又长期从事文秘工作，直到七年前担任名人书画院秘书长，一直在同文字打交道，将爱好与工作相结合，是件比较幸福的事。《笔墨青春》中收录的绝大部分文章均在不同的报纸杂志上发表过，虽然有些文笔过于稚嫩，但这正是我成长的见证。近几年，蒙书法大家李铎先生偏爱，收其门下，追随先生研习书法、先生教我做人做事，受益匪浅，在文集中插入书法习作21幅，求教是真。

漫漫人生，不管世事如何的安危相易，福祸相生，总逃不了一个情字。没有党和国家的关怀培养，没有领导、师长、家人、朋友、同事的帮助支持，就没有我今天的点滴成绩。我对此满怀感激之情！当然也要感谢那些有意无意在我成长过程中制造困难的人们，是他们教会我如何克服困难，坚韧不拔。13年前，当我刚刚走上领导岗位时，我常用一

2006年7月9日，笔者主持首届"中国名人名家书画精品展"开幕式，该展每年举办一届，迄今已经成功举办十三届。

句话和我的同事共勉：我们改变不了社会，我们正在努力改变自己。

文化的最高境界是既要登高望远又要脚踏实地。我对博大精深的中华文化的学习和理解只是皮毛，积跬慎始，"路漫漫其修远兮，吾将上下而求索"。

全国政协副主席、中国文联主席孙家正先生为本书题写书名，全国政协副主席白立忱先生为本书作序，中央军委原副主席迟浩田上将、国务院原副总理邹家华先生、最高人民检察院原检察长贾春旺先生、全国政协原副主席杨汝岱先生、全国政协原副主席王文元先生、中央纪委副书记黄树贤先生、书法大家欧阳中石先生和李铎先生题词勉励，在此一并躬谢！张道诚院长17年来的关怀备至，是我成长的不竭动力。还有诸多师友一如既往地扶持，我都铭记在心。

这本书本应在2010年底出版，拖了两年，主要是本人犹豫不决，深感水平有限，但经不住好友陈博洲等多位同道不厌其烦地鼓励，我才下了决心。

我手写我心。今记下这段文字，作为我文集的后记，作为我青春感悟的注脚。

未敢停步。我虔诚地对待我的生活、我的文章、我的书法。

（原载汪碧刚文集《笔墨青春》后记，中国文艺出版社2012年12月版）

中西居住文化背景下的街区制比较研究

一、引言

2016年2月6日,国务院颁发了《中共中央国务院关于进一步加强城市规划建设管理工作的若干意见》,勾画了"十三五"乃至未来一段时间中国城市发展的具体线路图。其中关于街区制的意见,即"关于新建住宅要推广街区制,原则上不再建设封闭住宅小区;已建成的住宅小区和单位大院要逐步打开,实现内部道路公共化,解决交通路网布局问题,促进土地节约利用"(国务院新闻办公室网站,2016),一时间引起大家的热议,被媒体或者大众戏称为"拆小区围墙"。3月4日十二届全国人大四次会议期间,住房城乡建设部陈政高部长就此问题做了解释,指出推广街区制是对中外城市规划经验的借鉴,推广街区制并不一刀切,已有封闭小区和单位大院,要逐步打开,而对于新住宅小区,可以尝试实行街区制(中央政府门户网站,2016)。

在现实生活中,封闭的住宅小区和单位大院严重影响了城市路网布局,形成的"丁字路"和"断头路",是造成交通拥堵的主要原因之一,同时也给市民出行带来了不便,这一点在大城市体现得尤为明显。不仅如此,城市形态、功能组织、社区发展等许多方面也矛盾丛生。而这些矛盾的根源,与城市的基本形态——住区的规划及建设方式,有着密切的关系。街区制不仅是国外先进城市建设形态的产物,也是对中国古代城市规划经验的借鉴。在某种程度上说,中国传统居住形式及文化与街区制的内涵有异曲同工之妙。本文试图在对街区制相关文献梳理的基础上,从中国传统居住形式及文化的角度出发,重点对街区制的内涵、历史演变以及街区制对城市发展的机遇与挑战展开探讨。希望借此为我国街区制的建立和推行提供一定的理论依据，为促进城市空间结构的优化，城市形态的健康发展和城市社区管理提供一定的理论支撑和借鉴。

二、相关文献回顾与评述

街区这一词汇是从英文单词block直接翻译过来的，在中国的传统语境里与之对应的词汇大概是街坊。目前在学界对街区的研究多为各说各话，还并未形成一个清晰明确的概念，但一个可以确认的共识是：它不仅是一个地理概念，指由城市道路及围墙、绿化带等边界元素划分的城市区域；同时，还是市民生活工作和休闲娱乐的基本城市单元，也是公众参与和社会管理的基本单元（肖亮，2016）。

街区制，或者在研究中被称为街区型住区，日本城市集合住宅研究会在《世界城市住宅小区设计——日本卷》一书中将其定义为："城市中心地区的城市型住宅，它处于一个街区内，由一栋或者多栋住宅楼形成，沿着道路连续，具有一定高度，围成中庭。其中，形成包括中庭的中空街区的住宅称之为街区型住宅"。学者杨德昭指出与居住小区，也就是我国的封闭小区相比，具有小尺度、开放的特点，将街道和

2000年1月，笔者与中国科学院资深院士叶培大在一起。

开敞空间、公园、住宅、商业服务、文化等多种功能和设施有机组织在一起。总的来说，相对于居住小区的大规模、尽端式道路、自完整性及封闭性来说，街区型住区更强调小尺度、网络状道路、功能混合性及开放性。因此，从这个意义上说，本文赞同商宇航的概念定义，即"以适宜规模的街区单元为基本组成单位，以网络状的道路结构、丰富共享的景观空间、多样混合的建筑功能融合于城市的城市型住区。"（商宇航，2015）关于街区制的相关理论（尤娟娟，2010；于泳、黎志涛，2006；李振宇，2015），可见下表。

街区制的相关理论

	新城市主义	适宜居住理论	精明增长理论	开放街区理论
时期	20世纪80年代	20世纪60年代	20世纪80年代	20世纪80年代
代表人物	Peter Calthorpe、DPZ	雅格布斯	/	包赞巴克
主要观点	社区设计必须将公共领域的重要性置于私人利益之上；从建筑设计与公共空间的相互关系，到社区建筑类型与功能的安排，从开发规模和强度的确定，到土地使用模式与区域公共交通路网的协调，都应遵循这一原则等。	吸引人的、以步行为主的公共领域；机动车速度低、交通量小和没有交通阻塞；方便的学校、商店和服务设施；丰富的、整齐的社区景观；社区能够被所有人接受并感觉安全等。	通过与各公共和私人机构的有效合作，充分利用现有的设施和财产，最大限度地服务于社区；通过将活动中心、街道、人行道和自行车道充分连接的系统，培育步行主导的紧密连接的社区等。	第一年龄段：街区既是公共空间的边界，也将其与庭院及建筑内的生活联系起来；第二年龄段：宽敞笔直的街道，千篇一律的住宅；第三年龄段：强调城市邻里的混杂性和多样性等。

街区是构成城市的基本单元，它从形态、功能、管理和认知四个方

面构成了城市赖以存在和发展的基础。街区与城市之间是一种相互作用的联动关系：城市的发展程度和发展模式决定了街区发展类型，而不同的街区模式和尺度对于城市发展有促进或阻碍作用。比如中国古代传统的大而封闭的街区在唐朝时已成为经济和社会文化发展的障碍，而在北宋后期由于采用了新的相对开放的街巷制，又反过来促进了经济和文化的发展；在计划经济时期，大而封闭的单位大院确实对经济发展和社会管理产生了重要作用，但在变化无限的当今社会，我们究竟应该采取一个怎样的住区形式呢（肖亮，2006）?现代城市功能复杂多样，因此街区需要满足交通、经济、管理、人性、生态等多个方面的要求，相比于过去大而封闭的传统居住小区，似乎小而开放的街区制住区更能够适应现代城市的发展需求。因此今天我们在对待街区问题时必须用联系的、发展的眼光分析问题，借鉴古今中外城市规划发展的经验。

1961年，简·雅各布斯发表了《美国大城市的死与生》这一著作，对当时西方"千城一面"的城市发展提出了大胆的质疑，如何创造城市的多样性，如何营造更多的城市活力空间，是她在著作中探讨的主要问题。她在一定程度上运用社会学的视角，指出城市保持多样性的几个条件：首先，街道具备混合功能的必要性，每个时间段都需要人流出现，这有利于人际交往和公共设施的高效利用，并为街道秩序提供天然的"安全眼"。其次，街道要保持较短距离，这不仅利于人们选择步行，还有助于行人和车辆出行不易迷失方向。此外，老建筑的必要性，由于其较低的价格可以吸引低收入阶层，新旧建筑交替，从而保持社区的多样性。最后，密度的必要性，即社区中要保证功能多样化，各种店铺相对集中在一起，可以使不同时段都拥有一定密度的人口（简·雅各布斯，2006；王琬雅，2015；宋云峰，2007）。雅格布斯的这一观点与包赞巴克"开放街区"的规划理念不谋而合。1976年，包赞巴克运用其理念设计了奥特·福姆集合住宅，住区内部引入了巴黎街道特质，如带铺装的小路、广场、绿地等，并将端路打通连至城市干道，使住宅区内的公共空间更有机地与都市空间相结合。住区内社会功能多样，满足了不同层次的居民的需求（于泳，2006）。

在传统建筑改造方面，中国的一些传统建筑不仅个性突出，更与街区制的内涵不谋而合。以北京的菊儿胡同为例，菊儿胡同社区是具有不同层空间结构的典型案例。在到达其中某个人家的过程中，依次要经过街道——小巷——庭院——住户门这个序列，它是完全开放的，参观者能够进入到每一个院子，甚至走到每一家门口，但同时又能保证住户的私密生活和安全：一个个院子限定了属于少数居民的空间，公共的小巷也处于周围建筑的控制之中，具有强烈的领域感，任何人走到哪里都有成为入侵者的感觉，因此不仅是开放的，并且是私密且安全的（肖亮，2006）。在这样的社区当中，街道短且相互联结，功能混合，可以时刻保持一定的人流量和人口密度，使社区充满了生机与多样性。

在新建筑群方面，企业往往是重要的推动者，大型企业往往更容易拿到相当规模的用地，也有能力吸收西方街区规划的经验对中西文化做更好地融合，深圳万科第五园是一个经典的例子。在中国合院的印象之上，万科第五园拓展了合院的空间与用途，庭院之间通过遮阳避雨、喝茶谈天的场所进行过渡；从城市主干道到社区入口、步行通道整体铺陈开来，内部保持了中轴线的对称布局以疏通交通，商业街与书院的气氛相互平衡，庭院式小广场交互起人们的休闲生活。整体上外部端庄大气，内部或清幽或活跃，空间转换自然，气氛收放自如（代元麟，

2006）。

如前所述，一方面，老建筑与老街区是城市产生多样性的必要条件，城市的记忆与文化保留在老建筑与老街区中，人们更愿意到有记忆的地方去（王琬雅，2015；黄江松，2016）；另一方面，较年轻的一代人对老建筑的情感与念想则截然不同，80后与90后所接触的社会更加现代化，对传统文化一般秉持着创新的态度，同时，开放、方便的住宅已经成为现代年轻人生活的理想住所。随着城市化进程的不断加快，我国城市传统的封闭住宅小区形式已经不能适应新的发展需求，矛盾丛生，引发了国内的学者和实践先行者的关注。邹颖、卞洪滨（2000）和缪朴（2004）等学者主要探讨了目前大规模封闭式居住模式的问题和影响，对封闭小区进行了批判，进而提倡回归到邻里和谐的开放居住环境。于泳（2006）、彭燕（2009）、冯驰（2007）等则通过对开放式街区模式理念的借鉴，在一定程度上为街区制的发展提供了理论和实践支持。

总体来说，现有关于街区制的研究主要集中在建筑、城市规划与景观设计等领域，学者一般从专业角度对我国城市中居住街区存在的问题以及与街区制相关的开放小区的优秀案例进行实例剖析，并给出了相对专业性的建议。但需要注意的是，街区制研究不仅仅是一个城市规划或建筑学的问题，更是一个社会问题，值得社会学对此进行研究。目前在社会学领域并未引起足够的重视，因此缺乏相应的社会调查研究，即缺乏涉及社区管理者、社区居民、物业公司、社区企业等多方利益主体的全面系统研究，在某种程度上说，使街区制在当今社会的推行缺乏相应的理论研究基础。本文对这一点有清楚的认识,另辟蹊径,通过对中国传统居住形式和文化的梳理,整理总结出与街区制的异曲同工之处,希望为街区制的深入研究和实践提供一定的借鉴。

三、中西方居住文化的比较

丁俊清在《中国居住文化》中说道:"居住文化的本质是'人学'。"因此,从一方面来讲,居住文化首先要包括居住环境,即生理环境、生态环境、社会环境、空间环境、生活环境、交通环境等等,这些环境因素决定了人们的居住形态以及互动关系;另一方面,居住文化包含居住形态,即各种居住要素的组织形式,它是社会历史发展的产物,是不同时期经济、政治、社会及文化等关系的真实反映(朱怿,2006)。本文将居住文化定义为在居住历史发展过程中,人们在一定的居住环境基础上逐渐形成的居住形态,其本质上反映了特定时期的经济、政治与文化生活背景与社会互动关系。我们在研究过程中应该透过居住形态,探索其背后所代表的社会意涵。

(一)中国居住文化的历史演变及其特征

中国居住文化经历了六个阶段的历史演变。第一个阶段是闾里。里制,又名闾里、坊,由经纬道所划分的地盘为"里"的地域范围;其平面一般成矩形,四周围以墙,设里门出入,里内排列民居住宅,整齐而有序(于泳,2006)。闾里最远可考证于周朝营国制度的建立,其间确立了封闭间里制度,虽具体尺度各代不一,仍作为城市规划的基本单元沿用至北宋前期。这一阶段,闾里衍生的城市路网系统使各朝各代统治者便于行政管理(肖亮,2006)。第二个阶段是里坊——封建社会与等级有序。西汉至唐代是里坊制发展的鼎盛时期，一般以棋盘式的道路对坊进行划分。宋代商业的繁荣发展"推倒"了里坊制的坊墙，标志着我国城市的街区单元由封闭转向开放。第三个阶段是庭院——人与自然的结合。中国的院落考证可至商代，形制在不同地域表现多样，但其共同精神是一以贯之的"天人合一"，自然风光与世俗生活的错落结合，不仅令生活空间层次丰富，更连通了室内与室外空间（肖亮，2006；刘亮，2005）。第四个阶段是街巷——公共与私人空间的过渡。街巷将部分室外空间一定程度地室内化，不止于连通了自然与住宅，更拉近了不同住宅间的亲近感，形成了人们交往的空间场所。第五个阶段是胡同。在坊制改革的基础上，元代形成了各坊内沿南北向主次干道两侧等距开辟东西向的平行巷道，又称胡同。第六个阶段是里弄。里弄是近代才出现的建筑类型，其原型是坊巷，空间内涵源于古代"里"制的街坊单位，"弄"则作为居住单元（肖亮，2006）。

我国多样的居住形式诞生于不同的社会基础，闾里起源于奴隶社会，其功能主要在于对下各等民众的分级管理，而里坊兴盛于封建社会，其要义也在于秩序与等级方面。而庭院、街巷、胡同等居住形态产生于民众对交往的需要和对自然的向往，比起之前的统治管理需求，更显示出过渡的意义。例如，现代我国南方依然能看到很多院落遵循着街道—小巷—里弄—院门—家门这种形制，其空间体现出从公共到私密的逐步过渡（朱怿，2006）。因此在某种程度上说，庭院、街巷和胡同所代表的传统居住形式或者文化与西方街区制所倡导的公众与隐私的结合性以及居住、参与等功能多样性都不谋而合。

（二）中西方居住文化的异同

中西方居住文化的异同主要表现在以下四个方面：

第一，相异的宗教礼制观念。在文艺复兴之后，尊重个体的理念在住宅空间中体现得越来越明显，建筑外围常以自然环境作为分隔而非封闭。中国的住宅空间则因儒学作为统治思想，完全映射出了以贵贱尊卑、血缘亲疏划分空间的人伦秩序。

第二，迥异的发展路径。中国虽然经历了多次改朝换代，但封建与大一统思想影响深远，住宅的形制可谓是一脉相承。相比之下，西方文化从开放性的海洋文明演化而来，在小国林立的格局中，住宅的形制从开源的古希腊经古罗马时期的演变直至扩散成多个支流，但总体上具有追求自由、流通和功能性的特点。

第三，相似的内院与家庭关系。中西在民族、文化和习俗方面迥然不同，因此孕育的社会结构必然会影响住宅的结构形态，但是，纵使地理与文化千差万别，但仍然能够发现西方与我国的院落有着类似的空间结构，即"内院式"结构。起源于古希腊并延续至文艺复兴鼎盛时期的内院式建筑体现出了西方当时"人与人、人与神"的双重结构，其中对于主人与奴仆、男人与女人、起居与餐饮的划分周到详细，体现出奴隶制社会下由父权掌控的家庭形态；而遍布中国南北方的传统合院式住宅同样是我国古代家族制伦理的体现。

第四，相似的现代街区规划。近年来，在土地私有制之下，西方的街区规划能够作为有机整体融入城市，但高档社区和政府公共部门部分保持封闭。在单位小区之后，我国的住宅规划正在逐步借鉴西方的做法。由于我国国情独特，未来合适的居住形式还需要耐心地一步步实践与验证（王乐春，2010）。

谈及我国居住形式的走向，不得不与西方的居住形态做一番联系对比。我国的街坊、街巷和院落分别可与西方的街区、街道和庭院相对应，三者分别承担着分级（区）管理、公私空间过渡和"人—自然—他人"联系的职能。可见，街区一词虽为舶来品，但其内核是中西方分别拥有的，借鉴西方"建筑+院落+街道+广场+街区"的现代城市空间规划，可以在我国传统城市文化内核的基础上构建与时俱进的现代中国城市结构。

四、当前我国居住形式及其对城市治理的影响

当前，封闭式的小区是很多城市居民的主要居住场所，一定程度上的封闭满足了居民的安全需求，同一小区的住户拥有更相似的社会经济地位，这无形中增加了居民间交往的信任和便利，小范围的社区也更易产生较好的文化认同和归属感，也更易提供充足的公共设施。这种小区形式的确在一定时期内提高了居民的生活质量，然而，经济和城市化的快速发展，使得小区必须面临计划经济时代以来的改变。围墙也许带来了安全，却令城市产生了更多的区隔，人流和商业的阻塞致使街道的活力每况愈下；公

2013年7月10日，笔者主持北京奥运村街道第二届"1+3"党务居务助理进社区工程社区专题议事会（居民议事厅）。

共设施充足的另一面则是其使用效率的低下（齐伟民，2004）。

就现行的区域管理模式而言，一方面，小区作为一个较完整和独立的单位，其组织结构清晰，即小区、楼群、住户，其空间也明确分位道路、住宅和公共设施等，内部的等级化结构更易于管理者掌控和管理；另一方面，小区采取了基层管理组织（居委会、街道办事处等）的行政管理方式并承担着社区服务的职能。但通常面临着权责不清带来的管理问题。同样，业主委员会和物业管理也是小区亟待完善的职能机构。在城市规划方面，封闭式小区的占地面积导致诸多交通道路受阻，城市交通的疏密规划难度增加，然而，"更宽"的主干道不如"更密"的交通网。在居民交往上，小区在促进了内部认同的同时，也成为与外部沟通的阻碍，对于陌生人的不信任和安全层面的担忧都被一墙之隔暂时掩盖。在城市结构上，小区已经在一定程度上阻碍城市的进一步连通，道路交通、社区发展和功能组织都是矛盾丛生的焦点领域。

街区制的居住形式会对城市治理带来一定的影响，主要表现为以下两个方面：一方面，从社区角度来看，首先，街区制利于促进居民交往，减少社区之间的隔阂。更少的门禁和更多的往来自由使小区居民脱离偏居一隅的局面，能够与更多样的人群来往，提升了居民的交往面和社区活力。其次，小区的开放必将涉及社区管理和决策方式的变更，期间公众对于社区建设的参与度必然提升，此后在新的框架之下，居民对公众事物的热情也得以提升。另一方面，从城市角度来看，其一，街区单元的规模影响着公共配套设施利用率。

在开放的街区，小区内的服务设施能够与街道网络的公共设施相互补充，既利于提升街区公共设施的服务水平，又能够与城市整体公共设施规划相适应，提升社会资源的利用率。其二，利于改善城市交通，完善道路系统。在城市的中心区域，学校、单位等大型的小区院墙打通后，其内部的分支道路可以分担主干道的交通压力，对于缓解交通堵塞有很大助力。就整个城市交通网而言，开放的街区加密了交通网，提升了整个城市的交通效率。公共设施与交通的改善都利于城市的可持续发展。

街区制的居住形式对城市治理也带来很大的挑战，主要包括以下三个方面：

首先，治安与阶层问题。街区制下的小区更开放，客观上人流量更大、人群更杂，治安要求从小区细化到每栋住宅楼，需要投入的人力和设备必将更多，以抵消居民安全感的降低，然而，这只是表面的影响。不同地段的住宅价格在短期内就能够造成不同社会经济地位人群的区隔，高级住宅既是身份地位的象征，又可作为不动产保值，贸然打破不同经济阶层的界限，虽有助于社会阶层的流动，也有引发社会紧张和排斥他群的风险。

其次，公共设施问题。封闭式的小区公共设施利用率较低但充足，在转向开放式的小区之后，必然要面临配套设施可能不足的问题。另外，共用设施可能带来的噪音、环境恶化也是会降低居民生活质量的风险因素，其中，人均公共资源对于居民愿意均摊的管理费用也会有很大影响，管理者和居民必然会展开相应的博弈，以达到利益平衡。

最后，改革与管理成本问题。从小区改制、物业管理革新到协调居民、街区规划既需要专家和相关部门参与，更需要居民和物业公司的积极配合，做好宣传和利益协调能够节省一定人力成本，善用原有公共配套设施和绿化资源也能够节省大笔社会开支，改革和管理的成本是城市建设需要重视的问题，从居民的利益出发更是重中之重（苏诗钰，2016）。

如果说建设开放的街区制是建设更人性化城市的一步，那么，从思想上提倡开放和资源共享就是改革的前奏，提高城市活力和交通便利是最基础的要求，而能够潜移默化地减少不同阶层居民的隔阂才是开放的本意。

五、总结与思考

综上所述，在我国推广街区制不仅是借鉴西方国家现代城市发展的经验，更是对我国传统居住文化的理性回归。中国的庭院、街巷和胡同等传统居住文化很好地体现了"人—自然—他人"的和谐互动关系，其公众与隐私的紧密结合性，以及居住、参与等功能多样性，是我们所倡导的一种居住文化形态。

（一）实践层面

从实践层面来讲，我们所倡导的这种居住文化在中国现代化和城市化的进程中被千篇一律的封闭小区所湮没。当然，我们没有可能也没有必要在现代城市有限的空间中重建庭院、里弄或胡同，但我们可以将这种居住文化注入现代城市居住发展和建设当中。因此，在实践层面做好以下四方面工作已是迫在眉睫：

第一，保护历史街区与古建筑。既然由于空间因素及其他发展因素的限制，在现代城市有限的空间中重建庭院或者合院没有太大的可能性，但我们可以保护城市中现存的古建筑或者历史街区，使他们作为居住形式的典范得以发扬。

第二，进行试点，目标定位在大城市新区。正如在开篇提到的推广街区制原则上不再建立封闭小区，这也就意味着在今后建设新小区时要逐步引入街区制。考虑到人口的密度、商业发展程度、交通发展程度及产业结合程度等因素，大城市尤其是新区是进行街区制试点的最优选择，不仅有相对足够的新建空间，还有良好的经济、交通、文化等基础条件作为试点基础。

第三，按照建造、入住和居民家庭生命周期进行长远规划。在推广街区制的过程中，一定要具备的一个理念是，街道的秩序需要天然形成，即所谓的天然"安全眼"，因此街道的混合功能显得尤为重要。功能混合的街区，使街区每个时间段都需要人流出现，加强了人际互动，增强了街区的活力。另一方面，使街区的功能可以满足居民更替、发展的需求。

第四，与企业开展合作，推广开放式的住宅群建设。在中国的特殊国情之下，企业尤其是大型企业往往因为更容易拿到相当规模的用地而有可能成为街区制的主要推动者。因此在街区制推广的实践过程中要充分发挥大企业的积极性和能动性，吸收西方街区规划的经验对中西文化做到更好地融合。

（二）研究层面

就目前关于街区制的研究现状而言，在社会学领域并未引起足够的重视，因此缺乏相应的社会调查研究，更进一步说，就是缺乏涉及社区管理者、社区居民、物业公司、社区企业等多方利益主体的全面系统研究，使街区制在当今社会的推行缺乏相应的理论研究基础。因此，在研究层面做好以下两方面工作至关重要：一方面，引入社会学调研，与城市规划等学科进行跨领域的合作。目前街区制的问题在城市规划等领域的研究已近卓有成效，但街区制问题不仅是一个城市规划问题，更是一个社会发展问题。因此，引入社会学的视角，通过社会学和城市规划等学科的交叉调研，可以更好地理解和解决这一现实问题。另一方面，深入城市的各个社区。全面了解社区管理者、居民、物业、企业等多方利益主体的需求和态度，为街区制政策的细化提供理论和现实基础，同时，深入老街区或建筑区，吸收和借鉴传统居住形式的思想精华，回归优秀传统文化，注入人文主义关怀。

（三）社会学意义

在街区制所包含的居住混合性这一内涵当中，新老建筑、不同档次的建筑混合并列，形成一种"大开放、小封闭"的居住形式，使不同阶层的人可以在大的范围内居住在一起，有助于各阶层之间进行日常交往，共享公共资源，在一定程度上缓解了社会不平等。

从预期效果上看，街区制的推广不仅有利于实现内部道路公共化，从而进一步解决交通路网布局问题，促进城市交通问题的改善和土地节约利用；同时对城市功能区分立、互动性差等问题也有积极改善作用，总体而言，在一定程度上有效缓解了部分城市病带来的问题。

街区制所体现的功能混合与互动、公与私的紧密结合，与我们所倡导的公私结合以及居住、参与等功能多样性的传统居住文化形态不谋而合。因此作为对传统文化的理性回归，推广街区制有其深远的合理性所在。

（原载2016年第5期《经济社会体制比较》）

参考文献：

01 代元麟，2006：''基于传统文化思想的居住建筑设计研究——以新中国风住宅为例''，西安建筑科技大学硕士学位论文。

02 冯驰，2007：''有活力的城市街区模式研究''，湖南大学硕士学位论文。

03 国务院新闻办公室网站，2016：''中共中央国务院关于进一步加强城市规划建设管理工作的若干意见（全文）''，http://www.scio.gov.cn/zhzc/3/32765/DocumenU1469105/1469105.htm，2016-02-22。

04 黄江松，2016：《美国大城市的死与生》书评，《城市管理与科技》，2016，1：86-88。

05 李振宇，2015：''在历史与未来之间的妥协——关于包赞巴克'开放街区'的断想''，《城市环境设计》，2015，2：42-45。

06 刘亮，2005：''我国城市传统居住街区内部公共空间更新''，重庆大学硕士学位论文，2005。

07 缪朴，2004：''城市生活的癌症——封闭式小区的问题及对策''，《时代建筑》，2004，5：45-48。

08 彭燕，2008：''开放式结构居住小区的发展研究''，重庆大学硕士学位论文，2008。

09 齐伟民，2004：''中西传统居住空间形态比较研究''，《室内设计》，2004，1：1-3。

10 商宇航，2015：''城市街区型住区开放性设计研究''，大连理工大学硕士学位论文，2015。

11 宋云峰，2007：''《美国大城市的死与生》及其对我国旧城区复兴的启示''，《规划师》，2007，4：94-97。

12 苏诗钰，2016：''街区制的实施将加速物业管理行业重新洗牌''，《证券日报》，2016-02-25。

13 王乐春，2010：''城市居住街区模式研究''，湖南大学硕士学位论文，2010。

14 王琬雅，2015：…千城一面与城市多样性——读《美国大城市的死与生》所思，《学术争鸣》，2015：182-183。

15 吴强，2003：''居住文化透视''，《安徽建筑工业学院学报（自然科学版）》，2003，2：24-27。

16 肖亮，2006：''城市街区尺度研究''，同济大学硕士学位论文，2006。

17 尤娟娟，2010：''我国城市街区型住区规划研究初探''，重庆大学硕士学位论文，2010。

18 于泳，2006：''街区型城市住宅区设计模式研究''，东南大学硕士学位论文，2006。

19 于泳、黎志涛，2006："'开放街区'规划理念及其对中国城市住宅建设的启示"，《规划师》，2006，2：101-104。
20 中央政府门户网站，2016："住房城乡建设部部长就'推广街区制'答记者问"，http://www.gov.cn/xinwen/2016-03/05/content_5049410.htm，2016-03-05。
21 邹颖、卞洪滨，2000："对中国城市居住小区模式的思考"，《世界建筑》，2000，5：21-23。
22 朱怿，2006："从'居住小区'到'居住街区'——城市内部住区规划设计模式探析"，天津大学博士学位论文，2006。
23 [加]简·雅各布斯，2006：《美国大城市的死与生》，金衡山译，南京：译林出版社。

诗和远方　前行路上

　　诗和远方，前行路上。儿时立志成为作家，尤喜舞文弄墨，满墙涂鸦，年少提笔习字，无章无法，以为写得流畅便是书法，现在想来，真是羞愧难当。但我爱读书、喜钻研，有很强的求知欲，及至成为北京大学博士后。1995年我到全国政协从事首长服务工作，中央领导看到我写得一手漂亮的钢笔字，赞赏有加，顿时让我信心倍增。你想啊，一个农家子弟，因为一点特长，受到党和国家领导人肯定与鼓励，该是何等的兴奋与激动啊！此后多年，我一直保持手抄文件、手抄文章的习惯，我的读书笔记、工作日记累积起来估计有一人多高。如今偶尔翻翻过去的手稿，还是挺欣慰的，这一良好习惯也许就是我写书法的基础功课吧。

　　真正研习书法是2005年年底创办北京世纪名人国际书画院之后，耳闻目染，心手相应，有幸得名师大家指点，恩师李铎说"习书之道有八字不可或缺，即兴趣、勤奋、悟性、路径，其中路径不外临、立、变、创。"多年来，我谨遵教诲，探索实践，寄情笔墨。我认为，书法是动手的艺术，应用学科，书是"写"，法是"度"，书中有法。但若只会写，没有悟，便是写字匠，没有文化，字无变化，不能称之为书法家。从这个意识上说，我只能叫写字，离书法家甚远。而从广义上说，国家推中小学"书法进课堂"，作为政协委员我也曾为之呼吁，"书法"我权且用之吧。

　　未曾走过，怎会懂得？漫漫书法之路，辛苦自知，但我乐此不疲。"方向、逻辑、方法"是我的六字法宝，无论是书法创作，或是学术研究，概莫能外。方向准确，逻辑清晰，方法得当，定能成事。

"题诗寄汝非无意，莫负青春取自惭。"不惑之年，感悟青春，致敬青春。今年8月，北京世纪名人国际书画院、安徽省政协书画研究院、安徽省书法家协会将在合肥举办"不忘初心　致敬青春——汪碧刚书法求教展"。我集中三个月的时间创作了一批作品，时间紧，任务重，大多数作品很稚嫩，但也基本反映了我的创作水平，如此而已，结集出版，求教是真。恳请各位方家不吝赐教。由于时间关系，谬误在所难免，敬请广大读者批评指正！

真诚感谢白立忱、张道诚、欧阳中石、李铎、王家新、方春明、张坤山、朱守道诸位领导与师友的关怀，撰文、题词予以勉励。感谢张飙、梁东、赵立凡、张松、张铜彦、陈培伦、赵勇、张维忠、崔勇波、牛朝、乐长江、张筱曼、彭一超、李小成、王巨亭、钱建恒、陈博洲诸位道友同事对本书出版的关心指导，北京华清星源新能源科技有限公司的鼎力相助，书法出版社的诸位同仁给予本书出版的帮助以及师友们的支持，在此一并致谢！

让我的人生飘散着点点墨香，让我的生活因书法而精彩。不忘初心，作为书者，作为学者，"探幽索隐、探求真知"永远在路上。未名湖畔，博雅塔下，有我的人生理想。积跬慎始，未敢停步。我会一如既往努力、努力、再努力！

（本文系《汪碧刚书法作品集》后记，书法出版社2017年7月版）

行书漫谈

我真正研习书法是从2005年底开始的，确切地说是近几年才"渐入佳境"，但我尤其痴迷行书。于此，我有几点思考，与大家商榷。

一、行书的定义

行书是介于楷书与草书之间的一种书体，或较接近于楷书，或较接近于草书；或行、楷相参，或行、草相间。行书是在隶书的基础上发展起来的，介于楷书、草书之间的一种字体，是为了弥补楷书的书写速度太慢和草书的难以辨认而产生的。"行"是"行走"的意思，因此它不像草书那样潦草，也不像楷书那样端正。实质上，它是楷书的草化或草书的楷化。楷法多于草法的叫"行楷"，草法多于楷法的叫"行草"。在中国书法诸体中，行书的实用性最强、流行最广、影响也最大。魏晋之后的书法名家，无人不写行书，以行书传世者更是大有人在。降及宋元直至现代，行书更成为引导书坛潮流的主角。

2008年7月28日，北京世纪名人国际书画院在全国政协礼堂举办"庆祝建军85周年名人名家书画笔会"，著名书法大家欧阳中石（左）、李铎（右）在笔会现场共同开笔。

二、行书的发展

《书断》所谓"务从简易,相间流行",《书谱》所谓"趋变适时,行书为要",即是指行书能够借助于楷、草的体势来运用笔法,实用性很强,容易通行。又介于楷、草之间,伸缩性既大,体态也很多。更能产生艺术效果,这就是行书优胜于其他书体的地方。真正使行书的书法技巧完备起来,成为书法领域一个相对独立的艺术品种,其功绩则要首推王羲之。魏晋时代的"玄淡""通脱"玉成了王羲之,王羲之也没有辜负他的时代。他以自己的行草为时代立其极,为后世树其则,既是时代的顶峰,又是后世的楷模,称之为"书圣",不为过矣。盛唐时期以李邕的行书成就最高。盛唐后期行书能在王书之外表现自己个性的颜真卿的书法充满了革新精神与较强的艺术个性,苏轼曾说:"诗至于杜子美,文至于韩退之,画至于吴道子,书至于颜鲁公,而古今之变,天下之能事毕矣。"其《祭侄稿》被誉为"天下第二行书",如其他《争座位帖》《刘中使帖》《湖州帖》等所表现出的雄浑博大、刚毅洒脱,确是在右军疏散俊逸、静谧清丽的风格之外,不仅透露出大唐王朝的繁荣气象,也表现了颜真卿高尚的人格。元代以赵孟頫行书成就最高,是集晋唐书法之大成的一代大家。他的创造性虽然不如王羲之、颜真卿,但他精湛的技法和大量优秀的作品,堪称一代高峰。另外几位行书大家,如鲜于枢,则擅长行草,既重视笔法、结字,更重视书法家的气质。康里巎巎其行草书学王羲之,善悬腕书,以气韵胜。耶律楚材的书法气魄宏大,笔法苍老,有如颜鲁公,奇崛挺拔、泼辣豪放,又如黄山谷。杨维桢则将汉晋人有隶意的章草笔法自然化入行草之中,变化莫测,不可端倪,形成不同时俗的风格,代表了元代行书个性化的高峰,被人称为"狂怪"。明代行书以文徵明、董其昌为代表。其他如宋克、邢侗、米万钟、张瑞图、黄道周、倪元璐、徐渭、唐寅、沈周、祝允明等书法大家比较有创造性,他们大都以行草见长。但总体来说,他们依然追随和研习王书,虽然都有各自面目,但变革发展的规模有限。清中后期,帖学日衰,碑学大兴,行书虽不是这一时期最重要的成果,但也产生了不少别具一格的佳作。其中在行书方面影响较大的有何绍基、杨守敬、沈曾植、吴昌硕和康有为。总的来说,清代行书是在碑学大兴而帖学不废的大形势中发展起来的,所以品种繁多,风格各异,迥异于以前各代,其继承与创新的宝贵经验,到现在还影响着行书的创作。

我的恩师李铎先生,是当代书法大家,尤擅行书,他曾题词与我:"习书之道有八字不可或缺,即兴趣、勤奋、悟性、路径。其中路径不外临、立、变、创。"多年来,我谨遵教诲,探索实践,寄情笔墨。

2016年10月,笔者被评为2016年首都市民学习之星。

三、行书的研习

第一,师法古人。临习是学书必经之路。和学习其他书体一样,要多向前人学习,吸取众家之长。古代的大师和书法界的先辈们已经总结出了基本的艺术法则和评判标准,并在实践中得到了印证。行书的代表人物当然是王羲之,代表作为《兰亭集序》。

学习行书，强化基础的临帖是关键，它训练大脑的理解能力和手腕的模仿能力。其实，并没有谁是天才一学就会的，必须长期练习。"勤能补拙，悟则生灵。"临习中学会归纳总结。名师的笔法指点要与书本的理论基础相结合。实践中我总结，长线起笔要按锋，而且笔锋的着纸、铺毫、轻提、转向等连贯动作要在一刹那间完成，收笔要稳健、果断。

第二，入化出神。字的结体和笔调要有节奏、有变化，如写"江河"，要有奔腾澎湃之势；如写"山石"，要有庄重稳妥之感；如写"龙虎"，要有啸天威猛之态，等等。而且，在临摹的时候，也要注意观察大师名家的每一笔变化以及讲解。我在临帖的时候都会先读帖，看看大师是怎么写出每一笔的，想想他为什么要把这一笔写成这样。然后，在自己写的时候就会想得到，笔端自然就表达出来了。但在变化甚至夸张中要避免狂怪，失去美感。虽然恣意挥洒，但又不失法度。我在临帖的时候就发现，大师名家写出的字看起来很随意，但是每一笔收笔的时候都特别的稳重，这也是他们的字耐看耐学的要诀。

第三，稳中求变。行书以楷书为功底，尤其是其框架结构，易平稳凝重。但是仍要注意笔画的变化，如横、竖、撇、捺、点、折钩等，不要拘泥于一种钩法。行书执笔要松，行笔不能缓。有时，逆锋起笔，落笔的抖动，飞白的出现，也是极有情趣的。刚开始，速度较快会带来不精确，但是时间长了会逐渐好起来，中间要慢慢临一些字，在平稳和流畅中慢慢磨合。不要一味写得慢，慢就痴。另外，写行书，墨不要太浓，浓则滞笔；也不要太淡，太淡则灰暗无神。到了一切中和的境界时，就去体会一下行书节奏中那种若有若无的情绪。写字如音乐，跌宕起伏中见韵味，值得慢慢欣赏与品味。

书法是动手的艺术，应用学科，书是"写"，法是"度"，书中有法。但若只会写，没有悟，便是写字匠，没有文化，字无变化，不能称之为书法家。从这个意识上说，我只能叫写字，离书法家甚远。而从广义上说，国家推行中小学"书法进课堂"，作为政协委员我也曾为之呼吁，"书法"我权且用之吧。"方向、逻辑、方法"是我的六字法宝，无论是书法创作，或是学术研究，概莫能外——方向准确，逻辑清晰，方法得当，定能成事。

以上几点思考，或以偏概全，或挂一漏万，期待诸位方家批评指正。未曾走过，怎会懂得？漫漫行书研习之路，辛苦自知，但我乐此不疲。

（原载2017年7月26日《书法报》）

家国情怀与文人担当

我常在想,我们这些舞文弄墨的人,又是伴随着改革开放成长起来的年轻一代,什么是我们最为可贵的品质?恐怕莫过于"家国情怀与文人担当",亦作"书品人品兼修"。

在中国,说不完道不尽的,正是家国情怀。史书万卷,字里行间都是"家国"二字。《大学》有云:"古之欲明明德于天下者,先治其国;欲治其国者,先齐其家;欲齐其家者,先修其身。"这段论述将国家、社会、家庭和个人串连成一个密不可分的整体,奠定了国人修身、齐家、治国、平天下的道德理想和行为准则。数千年间无论社会变迁沧海桑田,中国人皆知"万物本乎天,人本乎祖"的规则,都遵循"敬天法祖重社稷"的古训。

2015年9月9日,笔者赴海军丰台干休所,慰问老干部,向老干部赠送书法作品。

中国文人具有深厚的精神担当的品格,这种品格突出表现为一种忧国忧民、济世救国的政治情怀。从孔夫子的"大道天下",到屈原的"众人皆醉我独醒",到范仲淹的"先天下之忧而忧,后天下之乐而乐",这一切编织成一个绵延的思想传统。这一思想传统移植到中国现代意义上的知识分子身上,蝶化成"五四"启蒙精神。因此从精神谱系上说,中国现代意义上的知识分子和中国传统文人是一脉相承的。这就决定了中国现代文学强烈的现实品格和浓郁的政治情怀。中国现代文学正是以其浓郁的政治情怀，才成为思想启蒙的重要营垒，才密切融入中国现代化运动中，也才有效地承载中国知识分子的精神担当。

情怀是胸怀，是心境，是情致。真正的艺术家，无不勤于雕章琢句，劳于镂心刻骨，精雕细琢打磨精品而乐在其中。对于文化艺术的创作者来说，如何能在新一轮文化大发展大繁荣形势中找好自己的位置，在无限利好形势中拉升出自己的一根红线，在无比繁荣局面中有所建树拿出自己叫得响的优秀作品，这才是我们自己在当前和今后一个时期要倍加考虑和思索的问题。

我们正处在一个中华民族伟大复兴的光荣时代。艺术家都应持守家国情怀与文人担当，书品人品兼修，积极投身于繁荣与变革的伟大实践中去，为推进社会主义核心价值体系建设乃至文化大发展大繁荣作出贡献。

（原载2017年8月2日《中国文化报》）

城市的温度从何而来

——从青岛市市北区实践看城市治理现代化

随着城市化进程的快速推进,城市的各种问题日益凸显,如何化解这些问题成为难题。中央城市工作会议指出要"转变城市发展方式,完善城市治理体系,提高城市治理能力"。我国城市治理重点是服务、共享、融合。城市治理作为多元主体共治行为,需要政府、市民、企业、社会组织、社区组织等共同参与。

城市治理研究要解决的问题很多。首先要更好地总结我国各地城市治理的不同模式。只有在对城市治理模式进行充分分析的基础上,才能更有效地解决不同模式中面临的各种难题。

笔者此次选择青岛市市北区作为分析样本,希望通过对其城市治理模式的审视,寻找一些解决城市治理难题的路径。市北区是山东省青岛市的主城中心区、老城区,人口密度大,棚户区改造任务重,低保、老龄及残疾人等特殊群体数量多,城市治理任务十分繁重。同时,在政府部门间也客观存在着职能交叉、职责不清、信息不畅等问题,创新与改革势在必行。与全国其他城市的老城区一样,空间资源不足也成了制约城市发展的瓶颈。近年来,市北区正在探索通过实施城市治理新模式,提升"城市生长力",推动老城区产业转型升级,落实精准服务和精细治理,提升城市的温度和内涵。可以说,市北区正在为我国城市治理现代化提供生动的基层样本。

提升城市生长力

城市治理不是简单地"头痛医头",要在发展中解决各种治理难题搞好城市治理,首先要用发展的眼光看待城市中出现的各种问题,让发展中出现的问题在发展中解决。在这方面,市北区"提升城市生长力,助推产业转型升级"的做法很有借鉴意义。

2016年,市北区创新提出了"城市生长力"的城市治理品牌,秉承"开放、融合、共享"的理念,通过实施"经济实力、产业活力、城区魅力、社会合力、治理能力"提升工程,深入推进"区域管理网格化、全区统筹信息化、公共服务精准化、社会治理精细化",推动城市生长力全面提升,让生活在市北的每一个人,都能感受到城市的温度和热度,真正实现"人民城市人民管"。

"城市的核心是生活在城市里的'人',城市的热度、温度来源于城市的全面发展和百姓情怀,这好比鸟之双翼、车之双轮,共同激发城市前行的信心和力量。城区要实现更高质量、更可持续的发展,既要有高端的产业和繁荣的经济,也需要富有温度的城市治理。只有时刻把人放在心上、以人为本源,多站在人的立场、群众的角度想问题,才能赢得群众的信赖与支持。"市北区委书记郑德雁如此解释城市的温度和热度。

为了全面提升城市生长力,市北区依托邮轮港优势,打造湾区现代服务中心。通过开展招才引智工程,打造智库集群,不断提升人均、地均产出能力,建设先进智慧产业中心。郑德雁介绍说,下一步市北区要优化城市空间布局,全面完成棚户区改造和老企业搬迁任务,完善功能性、网络化的基础设施体系,提升城市生态品质，实施智慧引领战略，提高城市治理现代化水平，建设城市绿色发展中心。坚持以人民为中心的发展思想，完善教育、医疗、文化、养老、住房、健康等现代服务体系，着力提升居民生活舒适感、便捷度，打造主城人文生活中心。

让服务和治理更精细

以城市治理网格化、信息化为抓手，实现城市共同建设、共同治理、共同分享精细化无疑是城市治理的发展方向。在这方面，市北区选择的是以城市治理网格化、信息化为抓手的做法。通过统筹政府、社会、市民3大主体，厘清"为谁治、谁来治、和谁治"3个层面的问题，鼓励企业和市民通过各种方式参与城市建设治理工作，实现城市共同建设、共同治理、共同分享。

在市北区，有一个城市治理指挥中心，这个机构与城市管理、安全生产、应急管理、综合执法、公安110指挥中心、政务热线等多部门联合办公，建立综合值班平台，实行联合值班、联合办理。实施综合行政执法改革，以相对集中行政执法权、整合规范执法机构、推进执法重心下移、优化执法力量配置为主要内容，以街道为重点，整合城管、文化、价格、服务业、房管等部门的执法力量，全面推进适应经济社会发展要求的跨部门、跨领域综合行政执法，增强了基层政府治理能力和社会管理水平。同时，建立区、街道（部门）和社区三级管理平台，明确每级平台的职责分工，社区负责前端防控，街道重在综合管理，区级平台做好服务监管，协调解决重大疑难问题，同时以标准化要求推动城市治理提速提质提效。

市北区城市治理指挥中心副主任孟涛介绍说，市北区通过网格化、

信息化，利用区级信息数据中心、城市治理微信公众号、"在市北"APP等平台，拓宽信息搜集渠道，打造民意民情直通车，及

2015年7月3日，笔者参加北京海淀实验二小毕业典礼。

时、全面、精准地了解群众所想、所盼、所需，准确调整管理政策、资源配置和服务方向，实现服务效益最大化。这些年，通过多渠道征求群众意见，市北区得以更好地倾听民声、集中民智、把握民意，既解决了很多像棚户区改造这样事关长远发展的大事难事，也能够针对不同群体"量体裁衣"，从群众急需的漏雨房屋维修、破损门窗更换等具体小事做起，办成了很多社会关注、群众期待的"急事""要事"，提高了公共服务供给的质量和效率。市北区重点打造的社会组织"创益工场"，全方位参与社区公共服务，有效补充了政府服务资源的不足，增强了群众的满意度和获得感。

此外，市北区根据区域管理的实际情况、难易程度，细化管理单元，科学划定网格，明确责任归属，加强人员配备，推进"区域管理网格化"，努力实现"责任不出格、管理无缝隙"，有效解决了推诿扯皮等治理难题。

去年7月，市北区全面推开城市治理网格化工程，建立了城市管理三级联动机制。以社区为单位，将全区划分为135个社区网格、1064个单元网格，将124个区域相对集中、面积较大的厂区、园区、校区、企业等划分为拓展网格，共计1188个责任网

格。同时，市北区积极探索政府体制扁平化管理，落实机关干部下沉网格。每个社区网格都设立网格长、网格巡治员，街道会安排1名处级干部、1名科级干部和1名综合执法队员下沉到社区网格，并指定责任科室指导社区网格工作，属地公安派出所和交警中队也会安排1名干警下沉网格，按工作分工承担相应网格管理责任，对网格内"人、地、事、物、组织"实施全覆盖管理。通过这些举措，市北区把城市治理的主体从过去的以城市管理部门为主，扩展到机关事业单位、街道干部、综合执法人员、社区工作者、网格员等各个层面，构筑了横向到边、纵向到底的责任体系，初步形成了责任清晰、运行高效的城市治理工作格局。

引进"外脑"提升内涵

积极搭建政产学研协作平台，集聚高端智库，发挥"外脑"作用在推进城市治理转型升级的进程中，市北区主动聚焦知名高校和学术科研机构，积极搭建政产学研协作平台，集聚高端智库，发挥"外脑"作用，推动城市治理现代化和标准化建设取得新成效。

通过深化与北京大学、中国政法大学、中国科学院等高校机构的合作，市北区集聚了包括北京大学（青岛）城市治理研究院、中国政法大学—国际城市管理协会青岛研究院在内的一批高端智库和研究机构。依托这些智库平台，市北区引进与城市治理相关联的产业项目，打造城市治理产业发展高地。

目前，市北区依托浪潮研发中心、青岛地理勘察测绘院等科研院所和企业，借助移动GIS、三维地理信息、大数据等信息化技术手段，已全面摸清经济社会各类资源"家底"，整合全区人口、企业、建筑物、危险源、城市部件、监控摄像头等各类信息，构建全区统筹的城市治理信息化管理系统，通过一个平台实现数据的集中管理、互通共享，为政府科学决策提供准确、全面、系统的数据支持，实现城市治理智能化、协同化、精确化。

市北区在城市治理现代化方面的探索已经初具成效，但仍然存在体制不健全、职责不清晰、信息不统筹、手段不健全等问题。笔者认为，包括市北区在内的很多城市老城区在提高治理能力时，应努力诠释城市的温度和厚度，让每一位市民都有获得感。首先，温度是居民心理接受爱和情感的过程，严格来讲温度就是以人为本。其次，城市有厚度则是以文化涵养城市，尊重城市的历史及文化发展规律，以文化的力量推动城市转型发展。要在"四个全面"战略布局中规划城市治理工作，用"五大发展理念"科学推进城市治理现代化，让人民群众共享改革开放的成果，共享城市发展的成果。

（原载2017年8月2日《经济日报》）

社区治理现代化的基层方案

城市治理是政府治理、市场治理和社会治理的交叉点，在国家治理体系中有着特殊的重要性。城市治理是全球性难题，经过改革开放近40年的发展，中国取得了令世界瞩目的伟大成就，化解快速城市化进程中问题的能力不断增强，尤其是城市治理现代化持续推进，为解决这一世界难题贡献了中国智慧、提供了中国方案。

青岛市市北区以"互联社区"建设为引擎，建立起协同治理、动态治理和主动治理的"网格化大治理体系"，在全国率先出台城市治理精细化实施意见，全域推进城市治理。整合大数据搭建城市治理信息平台，构建"共建共治共享"城市治理共同体，走出了一条独具特色的城市治理新路，被民政部批准为全国社区治理和服务创新试验区，荣获2015年

2018年1月，笔者出席青岛市政协十三届二次会议，并同部分教育界委员合影。

全国创新社会治理最佳案例奖。可以说,青岛市市北区是我国城市治理现代化生动的基层样本,具有典型示范意义。

坚持以人民为中心,是城市治理现代化的价值导向。在城市治理过程中,市北区以满足人民群众需要为核心,牢固树立城市治理"核心是人"的理念,不断提高人民群众的获得感、安全感和幸福感。坚持以提高公共服务能力作为工作的出发点,寓城市治理于公共服务之中,通过提高办事效率、缩短服务半径、推广信息应用、推进综合执法等措施,不断完善"大服务"工作机制和便民服务"零距离"目标,回应人民群众最关心、最直接和最现实的利益诉求,初步实现了从"消极管控"到"积极治理"的转变。

筑牢治理基层基础,是城市治理现代化的基本前提。在推进城市治理现代化过程中,市北区找准了基层社区城市治理这个难点和突破口,大刀阔斧地推进镇街体制改革、推进"互联社区"

2014年1月16日,北京世纪名人国际书画院、北京市朝阳区人民政府奥运村街道办事处联合开展了"下基层、送文化"活动,配合第三次全面经济普查,并举办书画笔会,图为笔者为笔会开笔。

2015年7月23日至28日,笔者在福建省建宁县采风。

建设,充实基层力量、促进职能下放,把各类资源、管理和服务下沉到基层,解决了服务管理"最后一米"的问题。借助"互联网+",优化机构设置和职能配置,打造基层城市治理现代化的升级版,赋予基层在城市治理方面更大的协调权、指挥权和建议权,让下沉的职能能够在社区层面"接得住、发挥好",成为实现城市治理现代化的突破口。

创新治理方法渠道,是城市治理现代化的内在要求。市北区利用现代信息技术推进城市治理精细化,通过完善网格体系和现代信息技术平台,实现群众诉求的及时准确传递与掌握,使城市治理从过去"自上而下"转变为"双向互动",从"粗放机械"转变为"灵活精细"。注重"起点机会公平、过程统筹兼顾、成果收益共享",真正做到以"善治"为导向促进实现"包容性治理"。

遵循文化发展规律,是城市治理现代化的不竭动力。"让生活在市北区的每一个人,都能感受到城市的温度和厚度。"感受城市的温度和厚度,就是让每一位市民都有获得感、幸福感、安全感。城市的温度就是人本理念，是对城市文明的一种抽象演绎。一座有温度的城市，会让身处其中的人们不断从内心深处捕捉到这股彼此激发的力量。城市的厚度就是城市的文化涵养。文化是城市的内核和灵魂，是城市发展永不衰竭的动力。推动现代城市治理，必须尊重特定城市悠久的历史和深厚的文化，遵循城市及文化的发展规律，以文化的力量推动城市发展。综合运用经济、行政、法律、科技、文化等手段，构建权责明确、服务为先、管理优化、执法规范、安全有序的城市治理体制，市北区在城市治理中致力于解决人民日益增长的美好生活需要和不平衡不充分的发展之间的矛盾，真正实现了"人民的城市人民管"，继而实现了"城市，让生活更美好"的愿景。

（原载2018年4月19日《光明日报》）

理解文化　认识书法

新思想引领新时代,新时代要有新气象、新作为。作为一名书法工作者和社会学者,如何理解和融入大美新时代,并有所作为,是应该不断思考并付诸实践的课题。

文化兴国运兴,文化强民族强。没有高度的文化自信,没有文化的繁荣兴盛,就没有中华民族伟大复兴。要坚持中国特色社会主义文化发展道路,激发全民族文化创新创造活力,建设社会主义文化强国。在中国特色社会主义新时代,文化建设的地位更加重要,作用更加凸显。而文化的繁荣兴盛则需要激发全民族文化创新创造活力。

费孝通先生说:"各美其美,美人之美,美美与共,天下大同。"对于文艺工作者与书画艺术家来说,学习一些美学知识是大有裨益的。中国美学的历史至少从老子、孔子的时代就开始了,影响最大的美学家有梁启超、王国维、蔡元培、朱光潜和宗白华美学研究的对象是审美活动。审美活动是人的一种精神文化活动,它的核心是以审美意象为对象的人生体验。在这种体验中,人的精神超越了自我的有限性,得到一种自由和解放,回复到人的精神家园,从而确证了自己的存在。学习美学的意义在于两点:一是完善自身的人格修养,提升自己的人生境界,自觉地去追

2014年10月21日,北京世纪名人国际书画院、朝阳区大屯街道办事处联合举办学习贯彻习近平总书记在文艺工作座谈会上的讲话精神——名人名家走进大屯"送文化　下基层"书画笔会,笔者参加笔会并赠送书法作品。

求一种更有意义、更有价值和更有情趣的人生；二是完善自己的理论修养，培养自己对于人生进行理论思考的兴趣和能力，从而使自己获得一种人生的智慧。美学学科的性质决定了学习美学的方法，首先要注重美学与人生的联系，学习和思考任何美学问题都不能离开人生；其次要立足于中国文化；再次要注重锻炼和提高自己的理论思维的能力，要有丰富的艺术欣赏的直接经验，同时要有系统的艺术史的知识，以及要扩大自己的知识面和拥有开放的心态，注意吸收国内外学术界新的研究成果。

宗白华先生说："中国的笔有极大的表现力，因此笔墨两字，不但代表绘画和书法的工具，而且代表了一种艺术境界。"

书法艺术以独特的生命张力，成为当代中国传统文化的代表。书法作品具有传递真善美的社会功能，人民群众在欣赏书法艺术中得到美的愉悦，潜移默化地受到熏陶和教育。书法家在服务社会的过程中，得以自觉向人民学习，不断淬炼品格、涵育心灵，积极投入"人书合一""人墨互磨"的艺术实践，重塑精神力量。

要从弘扬中华优秀传统文化、增强文化自信的高度上来认识书法艺术，积极推动中华文化的创造性转化和创新性发展。坚持以人民为中心的工作导向和创作导向，根植传统、艺文兼备、多样包容、鼓励创新，坚持思想精深、艺术精湛、制作精良相统一，不断推出精品力作。与此同时，要深入生活，扎根人民，感知人民声息，感应时代脉搏，一手抓普及，一手抓提高，做好文化惠民服务活动，扎根生活沃土，翰墨奉献人民。进一步满足广大基层群众日益增长的精神文化需要，推动新时代书法事业发展，使社会主义文化不断取得新的繁荣与发展。

（原载2018年4月22日《中国文化报》）

徽文化的笔墨担当

5月28日上午，我陪同第十一届全国政协副主席、中国文联名誉主席孙家正专程来到中国美术馆，参观正在这里举办的"新时代、新徽派"安徽书画40年精品晋京展。孙家正主席给予本次展览高度评价"此次书画展规模大、质量高，且立意深远，丰富多彩，活力无限"。

此次晋京展集安徽书画40年之大成，旨在深入贯彻党的十九大精神，着力反映改革开放40年给安徽带来的社会巨变和昂扬向上的精神风貌，集中展示徽派书画艺术的承古开今、继往开来及其当代发展新成果，多方位呈现安徽书画家们扎根生活、服务人民、酷爱自然、热恋乡土、笔墨紧随时代的精神面貌、审美情怀与艺术足迹。

孙家正主席驻足观看一幅幅书画作品，安徽的大好河山与新时代工人、农民、科学家乃至轰隆隆地生产车间、绿油油的菜地，这些精彩

1998年9月3日，笔者陪同全国政协副主席陈锦华（右四）参观在中国美术馆举办的"黄山风"书画展。这张照片刊登在1998年9月20日《安徽日报》上。

的画面跃然纸上，一派勃勃生机。孙家正主席在现场不时与参展的书画家交流，气氛十分热烈。他指出，安徽人杰地灵，人才辈出，历史文化积淀厚重，书画艺术丰富灿烂，新安画派光耀古今，江淮书风影响广泛，产生了渐江、石涛、梅清、萧云从、戴本孝、程邃、邓石如、黄宾虹、赖少其、林散之等书画艺术大家与名家。孙家正主席特别谈到三个问题，一是要明确徽文化的历史地位与影响。徽文化在南宋崛起后，经元时至明清，其发展充分化，体系完整，特点鲜明，内容极其丰富深刻，是当时中华民族文化的发展在包括书画在内的相关领域的精粹，徽文化从某种意义上说代表着江南文化，新安画派则是徽文化极为精彩的一部分。因此，我们要从徽文化的历史方位中看到中华文化的厚度。二是正确看待书画艺术的传统与创新。对待传统要心存敬畏，在继承的基础上创新，尊重传统、珍视传统，兼收并蓄、推陈出新。就书画而言，不临不习，如

2018年5月28日，第十一届全国政协副主席、中国文联名誉主席孙家正（右二）应笔者之邀，专程参观"新时代　新徽派"安徽书画40年精品晋京展。

2018年5月29日，笔者陪同中共安徽省委常委、宣传部长虞爱华（右一）参观展览。

何传承？三是要在中华优秀传统文化背景下推进书画事业发展，服务社会，奉献人民。如何在新一轮文化大发展大繁荣形势中找准自己的位置，在无比繁荣局面中有所建树并拿出自己叫得响的优秀作品，我想这应该是"新时代、新徽派"的安徽书画家们当前和今后一个时期要倍加考虑和思索的问题。与此同时，书画家更要深入生活，感知人民声息，感应时代脉搏，扎根生活沃土，翰墨奉献人民。

孙家正主席说，40年前肇始于安徽小岗村的农村改革，以磅礴之势推向全国，拉开了中国改革开放的序幕。这种敢为人先、不断探索、勇于创新的精神，推动着安徽经济迅速崛起，徽派文化再度繁荣，书画艺术空前发展，机遇难得，希望广大书画家和艺术工作者要以此次晋京展为契机，奋发有为，敢于担当，书写新时代徽文化的新篇章。

（原载于2018年5月31日《名人名家书画报》）

叩问心象 ↪ 他山之石

笔墨写真情　青春展风采

□ 白立忱

（九届、十届、十一届全国政协副主席，中共第十三届、十四届、十五届、十六届、十七届中央委员。）

青年艺术家汪碧刚将他的文集《笔墨青春》手稿放在我的案头，请我作序。年轻人取得成绩，应予祝贺与勉励，便欣然应允。

汪碧刚涉猎很广，亦颇有建树。这本文集收录了他的散文、诗词、论文、纪实文学、书法评论、散文随笔等文章十余万字以及多幅书法作品，作者的情感跃然纸上。其文笔厚实、流畅、立意深刻，视角独特，见解新颖，有些文章具有一定的学术价值。作为书法家，他汲古出今，继承创新，又彰显个性，在对书法艺术的探研与创作中，坚姿自守，超越文人趣味，努力拓展着书法文化的深度与广度。其书法厚重而不失灵动，有很强的视觉冲击力，给我留下了深刻的印象。

艺术来源于生活又高于生活。汪碧刚是伴随着改革开放成长起来的年轻一代，难能可贵地是他寄情笔墨，以此表达自己追寻时代生活的热情。思考于其中，洞悉时事，表情达意。他才思敏捷，又有着较为深厚的文学功底，书品人品兼修。

汪碧刚刻苦勤奋，工作岗位虽几经变换，读书学习、写作创作却能坚持不懈，且成果显著。他将爱好变成习惯乃至职业，十余年的历练，使他的自身素质和艺术水平得到不断提高。作为新时代青年，他积极参与和谐文化建设，倡导社会文明新风，发扬诚信和谐的社会风尚，从我做起，从身边做起，充分展现了当代青年的良好精神风貌。

通过这本厚厚的文集，窥探一位青年艺术家的不平凡的成长道路，顿悟其中的奥秘："只有有心于生活，生活才能有心于你"。这对青年朋友是有所启迪的。笔墨写真情，青春展风采。希望汪碧刚不断探索实践，在艺术的道路上取得新的成绩。

是为序。

（本文系汪碧刚文集《笔墨青春》序言，中国文艺出版社2012年12月版）

笔墨青春　大有作为

□李　铎

己丑之春，学生汪碧刚加入中国书协，可喜可贺！碧刚君长期担任名人书画院秘书长，组织能力卓尔不群，名人名家朋友甚广。其潜心艺术，虚心求学，读研兼习，书文共进，诚笔墨青春也。

碧刚君刻苦自学，奋发向前。其书承古人之风，潇洒自然，每出新意。余勉后学云：习书之道有八字不可或缺，即兴趣、勤奋、悟性、路径，其中路径不外临、立、变、创。望碧刚君循此渐进，习而不辍，久之，必大有作为。

己丑之夏　湘人李铎

（原载汪碧刚文集《笔墨青春》，中国文艺出版社2012年12月版）

己丑之春学生汪碧刚加入中国书协可喜可贺。碧刚君为期货任名人书画院秘书长，组织能力年来不群。名人家朋友甚广其涵四艺术，君以求学读研、篆刻及文其追诚笔墨青春也。碧刚其刻苦自学奋发向前其玉通古人之风潇洒，丘壑出新意。余勉其云：习书之道有八字不可或缺为典趣、艺、奢、陪、性、路、径、善、勤之不分低立亦创望碧刚其续此渐进习而不辍久之必大有作为

己丑之夏城人 李铎

李铎手迹

笔墨青春　意气风发

□ 张道诚

（第八、九届全国政协副秘书长，北京世纪名人国际书画院院长，中华慈善总会副会长、中国书法家协会会员、中国作家协会会员）

可以说我是碧刚同志成长的见证人。20世纪90年代中期，全国政协机关里来了一批年轻人，其中一位年轻帅气、精明能干的小伙子，就是汪碧刚。一些领导的身边时常见他紧张忙碌、热情服务的身影。他很有才气，经常发表一些文章，字也写得不错，积极参加共青团的活动，还担任过团支部书记。我在团中央曾工作过二十年，对青年朋友自然就多了一些关注。一年后，又得知碧刚被评为机关优秀团干部，并被推选为机关首届青联委员。又因为我们有着共同的爱好——写作与书法，便不时会有一些交流。后来，他离开政协机关，创办实业，我又得知他不断成长进步的消息，很是高兴。直到五年前，我们一道筹备成立北京世纪

张道诚（前排左四）2010年2月27日主持召开名人书画院第15次院长办公（扩大）会议，并同院领导和工作人员合影。

名人国际书画院,碧刚是秘书长,来往日益频繁,我对他的了解也逐渐加深。

几天前,碧刚将他的文集《笔墨青春》书稿送给我,请我为此书写点文字,我欣然接受,乐意而为之。

碧刚同志朝气蓬勃,浑身充满了活力,他有一颗热爱生活的心,一双发现美的眼睛。碧刚生长在皖江之畔的安徽省枞阳县,那里是"桐城文派"的发源地。桐城文派是清代文坛最大散文流派,其作家多、播布地域广、绵延时间久,文学史所罕见。"天下文章其在桐城"是清朝乾隆年间世人对桐城文章的赞誉。家乡的山水哺育了碧刚勤学多思的才情,淳朴的农民父母教会了他善良的品质,亦培养了他一身豪气的性情。翻阅这本文集,不难发现,他从对生活的审美感受出发,透过生活现象探求生活真谛,逐步加深对生活的理解。很多人和事在他的清新笔调下娓娓道来,不矫揉造作,直抒心意,讴歌美好生活,"文章不天成,妙手偶得之"。他广交朋友,上至国家领导人,下至平民百姓,三教九流,他都以诚相待。处处留心皆学问,碧刚对此的体会尤为深刻。百万字的文章他都是利用业余完成的,二十五六岁就承担千余名员工单位管理责任的他,其繁忙程度可想而知,夜深人静则是他思考写作的最佳时间。他说,写文章需要逻辑思维,这也是管理知识的必修课,二者密不可分,管理者勤动笔,多思考,非常重要。我对此也有同感。

碧刚同志虚心好学,读书是他的一大乐趣。万籁俱寂,潜心读书,读到精彩处,蓦然击节叫好。字里行间透射出的思想闪光点,与读书人的思想在心灵深处碰撞出火花。这些火花,会使人如醍醐灌顶而恍然彻悟。在这些年静寂的书的世界里,碧刚交了不少从未晤面的有着深刻思想的好朋友。他藏书几万册,读书破万卷。汲取文化养分,其文字水平不断提高。他将自己独特的真实感受和切身体会,融入文学创作当中。

而传统文化的积淀对于他的书法创作大有裨益。

碧刚同志悟性很高，书法进步很快。悟则生灵，勤能补拙。他是当代书法大家李铎的得意弟子，其师生感情深厚，我曾多次目睹李铎先生手把手教他书法，其得到先生真传。他的极高悟性，从他近期的书作中可见一斑。其书法自然大方，雅俗共赏，境界深远，富有品味，蕴涵情趣，写出了书法的内在的精神。他的书法反映了其价值观念和人生追求、道德修养。我想，中华民族的人文精神、理想道德和情操正是通过这些文学、文字和书法艺术这样一个综合的表现形式，才能得以传承。

碧刚同志风华正茂，意气风发，他在书画界拥有良好的人缘。五年来，在全院同仁的共同努力下，经过他的具体运作，北京世纪名人国际书画院初步创立了"名人名家书画"自主品牌，赢得了社会广泛认同和书画界普遍赞誉。他是一位称职的秘书长，许多难办的事情，在他的面都会迎刃而解。他还兼任《名人名家书画报》的执行总编，事务繁忙，协调工作繁多，而他却游刃有余。他把精力全部用在北京世纪名人国际书画院的工作上。为了既定的目标，我们乐此不疲。

作为多年的朋友和同事，我真诚地祝愿他一如既往地勤奋工作，百尺竿头更进一步！笔墨青春，绽放异彩。

2010年5月于北京
（原载汪碧刚文集《笔墨青春》，中国文艺出版社2012年12月版）

文章书法相得益彰　　笔墨青春盎然成趣

□ 方春明

（作者时任中共亳州市委书记，后任安徽省人民政府副省长，现任广西壮族自治区人民政府副主席。）

　　草长莺飞、万木葱茏的四月，收到碧刚从北京寄来的《笔墨青春》书稿，作为同乡好友，感到十分欣喜。我和碧刚都出生在安徽枞阳的农民家庭，共饮长江水长大。碧刚天资聪慧，年少有为，长期担任共青团干部和青联委员，有着机关、企业多个岗位的工作历练；而立之年，他又从大型企业领导人"转身"为北京世纪名人国际书画院秘书长。十几年来，他积极投身社会实践，养成勤于思考的习惯，写下了百余万字的文章，新著《笔墨青春》的出版正是他多年心血的结晶。

　　翻开书稿，散文、诗词、新闻报道、报告文学、评论、小说等诸多文体，涉猎广泛，文采飞扬。世纪伟人邓小平、共和国上将温宗仁、书法大家李铎、著名表演艺术家王铁成、农村改革的先行官王郁昭等在碧刚的笔下栩栩如生。散文《家乡情结》《我的生日为妈妈而过》，书写对家乡的无限深情。作为北京市政府特邀建议人，他在《北京日报》发表了《利用123座地铁车站建设"首都文明长廊"》《恢复"书法进课堂"》等多篇建议文章并引起反响。他的长篇论文《互联网时代汉字教育的问题与对策研究》承载了他对文化思考，《也会脸红》《过程比结果更重要》《想到春天》等，则表达了他对人生的思索。

　　碧刚是勤奋的，十余年的时间里，他在努力写作的同时，亦在书法方面潜心研究，尤其是近几年，得到书法大家李铎的言传身教，逐渐形成了自己的独特书风。其书法刚劲飘逸，形神兼备，境界深远，雅俗共赏，作品频频入展、获奖。

碧刚有着深厚的家乡情结，老乡赴京他总是热情接待，家乡的很多投资和文化项目都凝聚着他的心血；他曾捐资为乡村修路，还充当"徽文化"的义务宣传员。去年，亳州市修缮曹操纪念馆，他又热心邀请18位著名书法家题词，成为首批入藏曹操纪念馆的名家书作。

碧刚选择了自己所钟情的艺术之路，衷心祝愿他未来的艺术人生更加光明。

（写于2010年5月）

（原载汪碧刚文集《笔墨青春》，中国文艺出版社2012年12月版）

新闻连接

全国 18 位著名书法家为曹操纪念馆题词

方春明会见北京世纪名人国际书画院秘书长汪碧刚

本报讯（市委办） 日前，市委书记、市人大常委会主任方春明在新贵都城市酒店会见了中国书法家协会会员、北京世纪名人国际书画院秘书长汪碧刚，双方就即将建成投入使用的曹操纪念馆征集名家书作充实馆藏事宜进行了会谈。

受市委、市政府委托，北京世纪名人国际书画院邀请了中国书法家协会顾问李铎、佟韦、张飙，中国书法家协会分党组书记、驻会副主席兼秘书长赵长青，中国书法家协会副主席申万胜，以及张道诚、康成元、梁东、苗培红、朱守道、赵立凡、张铜彦、吴震启、邹德忠、高军法、张坤山、张杰、汪碧刚共18位著名书法家为曹操纪念馆题词，成为首批入藏曹操纪念馆的名家书作。汪碧刚代表18位著名书法家接受了亳州市委、市政府颁发的荣誉证书。

方春明指出，亳州是国家级历史文化名城，是魏武帝曹操的故乡，三国时期，亳州为曹魏的陪都。为纪念曹操在政治、军事、文学等方面的突出贡献，2008年亳州市委、市政府决定在市区曹氏公园内建设曹操纪念馆，并列为我市"十大建设工程"内容之一。

2010年，笔者接受亳州市委书记方春明（右）颁发的荣誉证书。

建设曹操纪念馆和邀请书法名家题词，对于研究三曹和亳州的历史文化，促进亳州文化产业的发展具有十分重要的意义。

汪碧刚表示，亳州拥有悠久的历史，灿烂的文化，其中以"三曹"为代表的建安文学盛极一时，是体现亳州特色文化的重要载体，在中国文学史上产生了深远影响。北京世纪名人国际书画院依托"名人名家书画"品牌优势，进一步加强与地方政府的合作，为中华文化艺术的繁荣做出贡献。

曹操纪念馆占地2800平方米，建筑面积2200平方米，建筑风格为仿汉建筑。该馆共分序厅、政治家曹操、军事家曹操、文学家曹操、魏武祠等7个部分，目前主体工程已经结束。

（原载2009年8月11日《亳州晚报》头版头条）

雅俗共赏　自出机杼

——汪碧刚的书法艺术

□ 张坤山

（第三、四、五、六届中国书法家协会理事，享受国务院特殊贡献津贴专家。）

"汪碧刚"这个名字近年来常在耳边反复缭绕，不同的场合，不同的地点，时常有人提起汪碧刚，谈到兴奋处，都略带有一种欣赏赞叹之意，我亦开始关注此君。

书法创作有一个重要的特征，那就是"雅俗共赏"。雅为高雅、高贵，是士大夫阶层达官贵人们反映体现的气质才情。俗为通俗易识、易读、易理解，容易被一般群众所接受。从艺术的角度讲，书法创作过分接近群众性，片面追求百姓效应，这种书风算不得高尚，但过分"阳春白雪""曲高和寡"，脱离了大多数人的欣赏需求，受众面过窄，又达不到弘扬书法艺术的目的。所谓的雅俗共赏，书法创作的普及与提高相结合，是一个重要而且难度极高，创作极其严峻的课题。

汪碧刚的创作追求"雅俗共赏"，把创作的基点放在雅与俗之间，试图在纯雅逸与纯通俗之间开辟出一条属于自己的学书道路。他不间断地在传统的积累上开拓丰厚，在"雅俗共赏"这一基调之下博观约取、取精用宏。从他近期一系列作品中清晰地看到其对魏晋书风的追求，在用笔结字及其章法上的大胆探索，对二王书风晋人韵致的反复体味，对古人经典作品的吸收消化。他沿着历史的轨迹，顺流而下，对唐宋元明清历代帖学大师的作品逐一深入地探索研究，例如他对唐代颜真卿的研究，使其于气势开张、恣肆豁达的境界有了体悟，宋代苏东坡、米芾的代表性书风使其增强了对文人风尚的理解深度，元代赵孟頫、明代董其昌的经典之作则对他禅佛儒雅的艺术观念得到了进一步的强化。当然，当代的一些翰墨大儒的墨迹也对他有着深刻地影响。如沈尹默的法度，白蕉的散逸，谢无量的书卷气，启功先生的谨严等，都对他的学书道路和创作思想产生了重大影响。因此，汪碧刚以经典翰墨的熏陶为资粮，以勤奋刻苦为根本，以聪慧机敏为助缘，在他的腕下，用笔简约干净利落，中锋运作兼取侧势，结体空灵平和奇正相生，左右揖让灿烂肌珠，章法布局一任自然，有法无法，有意无意，凭心境去写，凭灵感去写，凭才气学识功力去写，似有一番诱人的境界。他受恩师李铎先生豪放旷达如椽大笔之影响，亦能将字写得神采飞扬气势夺人，其笔力腕力皆能运用得当，有承继一代先贤之用心。

　　清代书画家邹一桂《小山画谱》专解"雅俗"一节说的好："俗眼不识，但以颜色鲜明，繁华富贵为妙。而强为知识者，又以水墨为雅，以脂粉为俗。"雅俗之分不在颜色，不在工笔或写意，将水墨与脂粉区别雅俗，无论站在哪个立场都是片面的，雅俗之分当从深层次的审美去寻找。汪碧刚的书法易识易辨易读，易于理解领会是其通俗的一面，而寻其根源抓住二王一脉细心揣摩为己所用，便有了雅与俗两种笔墨造化。这类雅俗共赏的审美指向符合艺术创作的规律要求，所谓文学艺术为大众服务，或贴近生活或贴近群众，不能简单地理解为一句口号，它要求书法家的作品要能给人以清新，给人以豪情，给人以力量，给人以精神上的享受和鼓舞。倘若众多的观者不识不解，功力再深个性再突出也难以收到应有的效果。当然，书法艺术的创作非同歌声、乐声和舞蹈曲艺等易于判断，如果从专业学术性上去分析考量，还可能会有另外一片天地。

（原载2011年1月17日《中国艺术报》）

社会要多宣传正能量

□ 王玉君

（《中华英才》杂志社记者）

"天行健，君子以自强不息；地势坤，君子以厚德载物。"采访北京世纪名人国际书画院副院长兼秘书长、著名青年书法家汪碧刚后，记者以为这句话用在他的身上似乎并不为过。他出身寒门，但却励志笃行，见贤思齐，在书法艺术的天地里笔耕不辍、广集博采，书写出一首美好的笔墨青春之歌。不仅如此，作为书画院的管理者之一，汪碧刚在画院经营中始终坚持把握正确的政治方向，大力弘扬正能量，并以传承中华传统书画艺术为己任，为一大批国内外书画家及广大书画爱好者提供了优良的服务。

5月初的北京，风和日丽，鲜花绽放。在北京北五环北苑路上的一栋写字楼——领地大厦10层，记者叩开了北京世纪名人国际书画院那古色古香的中式风格的大木门。进入房间，映入记者眼帘的是，在宽大的办公室里墙上几乎挂满了书法名家或领导书写的书法立轴，这外面是画院工作人员办公的地方，而在屋子最里面用玻璃门隔开的一个房间便是汪碧刚的办公室，里面放满了书籍和资料，书架上、桌子上，甚至地面都堆满了书籍、画刊及文卷资料等。

见记者到来，汪碧刚起身相迎，示意记者与他围坐在旁边的一张大会议桌边。寒暄过后，汪碧刚便就前两天习近平主席去北京大学参加学生纪念五四运动的活动谈了起来。他说，习主席在北大说得特别好，一个人要是他人生的第一粒扣子扣错了，那人生的其他扣子也会扣错。由此，汪碧刚同记者就当代中国青年中出现的一些问题表达了他的观点。

现年39岁的汪碧刚，虽然已近不惑之年，身体也略有发福，但从外表看来他的脸上仍是那么的阳光、帅气，充满朝气。除了担任这家书画院的副院长兼秘书长，汪碧刚还兼任着书画院下设的名人书画馆馆长和《名人名家书画报》的主编之职。此外，他还担任了许多社会职务：全国青联委员、安徽省政协委员、北京市人民政府特邀建议人……在他侃侃而谈的话语中，记者感到他不仅是个博学多才、志存高远的书法家，更是一位有社会担当、与人为善的青年才俊。

笔墨青春　意气风发

1975年汪碧刚出生于安徽省枞阳县的一个普通的农民家庭。他的父亲年轻时曾参军入伍，后来复员回乡种地。从部队回到村里时，爱好读书的父亲当年没有带回家什么值钱的东西，却是带了一大箱子书籍回来。母亲也是农民，但非常贤惠善良，从不和邻里乡亲发生矛盾，还经常帮助邻里乡亲，在村里有很好的人缘。尽管那时汪碧刚家境并不宽裕，但他父亲每次进城办事都会买些书带回来给孩子们阅读。良好的家庭环境，使汪碧刚从小就养成了爱好读书的好习惯。他说那时他们兄弟俩不但从不跟别人家的孩子打架斗殴，而且兄弟俩的学习成绩总是名列前茅。

说到他的母亲，汪碧刚至今仍记得母亲所给予他的深厚母爱。有一年冬天，天气寒冷，在外边劳动的母亲发现儿子冻得发抖，便放下手中的活儿，把汪碧刚的那双冰凉的小手放到了母亲温暖的大手里……"我的父母都是农民，但他们与人为善，也教会了我善良和勤奋。"汪碧刚说，父亲早年能写一笔好毛笔字，每逢春节他的父亲经常要为乡亲们写春联，这使得汪碧刚从小受到了艺术熏陶,并开始对书法产生了兴趣。后来汪碧刚上了大学,每次回到村里,他也像父亲当年那样被乡亲们邀请写春联。

靠着勤奋,加之天赋和悟性,汪碧刚1995年进入中直机关工作,工作期间他又到中央党校读了硕士研究生。近年来,为了进一步提高自己的文化修养和理论水平,不断进取的汪碧刚又到北京师范大学读了在职博士。从小学、中学、大学,乃至博士班,汪碧刚一直担任班干部,还担任了多年的学生会主席。

9年前汪碧刚有幸结识了著名书法大家李铎老师,并拜李老为师,潜心学习书法。由于有李铎这样的大家来指导他学书法,汪碧刚在书法技艺上进步很快,我们从汪碧刚的书法上也能看出李铎的书写风格。由于对艺术的憧憬和执着,汪碧刚觉得自己在艺术领域能更好地发挥他的才能和潜力,也能为社会创造更大的价值,于是,30岁的他辞去了领导职务,毅然投身到书画艺术的广阔天地。

"李铎先生是我国当代书法大家,为中国书法事业的繁荣和发展及书法创作和教育,做出了突出贡献。"中国书协的一位高级领导曾这样评价李铎。汪碧刚和他的恩师李铎可谓师徒情深,他在谈及老师时,言语中充满了感激之情,"我仰慕李老已久,有幸有缘和先生相交多年,随先生学艺。他平易近人,谦虚谨慎,知识渊博。他对待艺术一丝不苟,容不得半点虚假,逢我向求教书法,他总是旁征博引、探根求源,告诉其然及其所以然,倘若你写错别字,就必须纠正,告诫此类作品决不能外流,否则将以讹传讹。他严谨的治学精神,一直深深地影响着我。作为学生,我认真阅读了大量关于李铎先生艺术的研究文章,深受启发。"寥寥话语,师徒之谊,情深意笃。

谈及青年人追求成功,汪碧刚说,我出身农民家庭。一个人无权选择父母,成功要靠自己努力。搞书法艺术,不勤奋不能成功,做人、做学问不要想走捷径，必须踏踏实实地做。"上帝为你打开一扇窗就会关上一扇门。"汪碧刚郑重地说。尽管平日工作繁忙，应酬很多，但现在汪碧刚仍坚持每天动笔写上半个小时或一小时的毛笔字，没办法练字时他就抽空读读字帖，仔细揣摩古今名家碑帖的书写特点。他认为，学书法必须经常动手写，要向古人学，也要向今人学，要多看名家作品或看他们现场挥毫泼墨，这对学习书法很有启发。"练书法，三天不练都不行，书法家练好字都必须经过一个废纸几千的过程。"汪碧刚如是说。他透露，这些年来，为练书法，光笔记本他就记录了几十个。他说，写字必须认真，而且还要写准确，绝不能写错别字，不然，就会以讹传讹。他告诉记者，他还有两个特别的"老师"——一个是《新华字典》，另一个是《书法大字典》。对不懂的字或不明白的写法，他就及时翻看字典。他说，"学书法必须勤奋，勤能补拙。每当我发现好的文字内容，如千字文，我就马上抄写一遍。有人请我写字，我也是一定要写最好的作品送给人家。每次参加展览，我都通过和别人的书法作品作比较，取长补短。"

长期的临池淡墨、笔耕不辍，成就了汪碧刚今日的辉煌。如今，他除了是中国书法家协会会员、国家一级美术师外，还加入了中华诗词学会、中国散文学会。2010年，他又当选为中国书协第六次全国代表大会代表，2011年成为中国书法家协会青少年工作委员会委员。

汪碧刚的字古拙沉雄，苍劲挺丽，给人浑厚大气之感。他博览群书，含英咀华；他不仅能诗撰文，而且在笔歌墨舞中也表现出高雅脱俗的一面。他的作品令人赏心悦目，催人振奋，单从作品看，很难想象出自一位青年书法家之手。而通过经营名人书画院，汪碧刚得以接触到当今中国更多的书画界名家大师，这对他的书艺有极大的帮助。记者相信，凭借这些条件，加之他继续锲而不舍的努力，他在书法艺术的道路上会越走越远，登上更高的艺术高峰。

担任了15年的全国政协副主席、25年的中共中央委员的资深领导人白立忱是这样赞扬汪碧刚的：

汪碧刚是伴随着改革开放成长起来的年轻一代，难能可贵地是他寄情笔墨，以此表达自己追寻时代生活的热情。思考于其中，洞悉时事，表情达意。他才思敏捷，又有着较为深厚的文学功底，书品人品兼修。作为书法家，他汲古出今，继承创新，又彰显个性，在对书法艺术的探研与创作中，坚姿自守，超越文人趣味，努力拓展着书法文化的深度与广度。其书法厚重而不失灵动，有很强的视觉冲击力，给我留下了深刻的印象。

创立名人书画院　服务社会献爱心

2006年1月5日上午，在全国政协礼堂举行了北京世纪名人国际书画院成立和揭牌仪式。全国政协副主席张思卿应邀担任名誉院长并亲自为书画院揭牌。

第九届全国政协副秘书长、著名书法家张道诚担任院长，书画名家张飙、梁东、朱守道、赵立凡、张松、张铜彦等担任副院长，还陆续聘请了周坤仁、陈士能、刘忠德、伍绍祖等20多位省部级领导和高级将领担任该院顾问，聘请袁行霈、欧阳中石、李铎、刘大为等十多位书画大家担任艺术顾问。

名人书画院成立以来，逐步确定了"依托名人、培育新人、服务社会、创立品牌"的16字办院方针，加速促进了机构的全面发展。近年来，名人书画院每年选择一个主题，如以建党、建国周年等重大事件纪念日为主题举办"中国名人名家书画精品展"，这个精品展已经成为该院在国内外颇有影响力的自主品牌。此外，名人书画院通过自筹资金，或同与企业联合举办书画展等活动，迄今开展了300多项书画交流活动，参与人数达百余万人，书画院现已发展成为集创作交流、学术研究、展览培训为一体的国内知名书画艺术团体。书画院还组织画家走进军营、学校和乡村献爱心，不向社会收一分钱。2011年11月，名人书画院在首都体育馆一层开辟了1000平方米的名人书画馆，专门为名人名家举办书画展。

汪碧刚认为，作为书画家，应该回报社会。为了让名人名家回到人民中间，成立9年来名人书画院多次组织名人名家进社区、进课堂、进农村、进军营，为人民群众挥毫泼墨。2007年名人书画院与中国扶贫开发协会联合举办了"心系扶贫、爱心永恒"名人名家书画笔会，现场捐赠119幅书画作品，用于扶贫开发事业；2008年画院又与中华慈善总会联合举办了"抗震救灾、众志成城"名人名家慈善书画捐赠笔会，现场捐赠书画作品338幅，价值几千万，支持四川省汶川地震灾区灾后重建；玉树发生地震后，他们又在第一时间组织捐款活动。汪碧刚估计，这些年来，名人书画院为个人与社会各项公益事业积极捐款献爱心，并且捐赠了数千幅的名家书画作品，广受社会各界的好评。

如今，名人书画院已经有300多名院士，特聘书画家500多人。与社会名流打交道，并不是一件容易事，汪碧刚常说，要想得到社会的认可，就要让社会有认可你的地方。有一次，一位书法家找汪碧刚抱怨，责问为什么没有让他的书法作品参展。汪碧刚对他说，我们是为纪念建国搞的书画活动，而你却写了"国破山河在"这样的诗句,那么怎么能展出呢?

既要处理庞杂的机构事务,又要解决诸多的棘手问题,主持日常工作的汪碧刚,自然也就需要在北京的几个办公场所及国内外的活动事务现场间不断穿梭游走。汪碧刚说,开办名人书画院,他最看重的是社会效益,要为祖国的文化艺术繁荣做点贡献,要宣传正能量,弘扬社会正气。

身未动 心已远

凭借他在书法艺术上的成就,汪碧刚可称得上是一位成功的青年才俊,目前,他还身兼许多社会职务:他是安徽省政协委员,也是全国青联委员,所以,汪碧刚特别关心青年人的问题。他认为,我们今天应该在全社会,尤其是在青年人中大力弘扬社会主义核心价值观。"现在社会上有太多的东西被娱乐化,这是非常不好的。一些青年人只是崇拜金钱和名利,不爱学习,却把娱乐休闲看得很重,甚至认为读书无用。有的年轻姑娘甚至认为学得好不如嫁得好。这是因为我们今天媒体把官二代、富二代过于无限放大了。媒体应该多去聚焦、宣传那些普通的优秀的青年人,要为年轻人找到值得他们学习的榜样,让他们不要过多地去追求明星,绝不能让非主流的东西占主导。"汪碧刚还希望借《中华英才》对青年大学生们说,"我鼓励大学生创业,但创业必须从基层做起。对于大学生,其实,即使毕业了一时找不到工作也并不可怕,可怕的是失去了奋斗的信心。我做过调研,街头摊煎饼的小贩一年就能收入15万元。要是把摊煎饼做成产业了,还怕人不尊重你吗?……中国梦是每一个中国人的梦,只有每个人的梦想汇聚成河,才能实现中华民族的伟大梦想。"

作为政协委员，汪碧刚在他的提案中积极呼吁社会各界支持"书法进课堂"的教育实践活动。汪碧刚介绍，2011年8月教育部印发了《关于中小学开展书法教育的意见》，明确要求在三至六年级的语文课程中，每周安排一课时的书法课，2013年2月教育部正式出台了《中小学书法教育指导纲要》，要求各学校从小学三年级起要开设专门的毛笔书法课，但汪碧刚认为在这方面政策还没有真正执行好，主要原因是现在小学里书法专业师资匮乏，甚至没有统一的教材。他表示，当今社会，由于计算机的普及，使汉字手写的训练遇到困难，许多年轻人不重视书写的准确性，更不重视写好毛笔字。这并不是说让每个学生都成为书法家，而是让书法有一定的社会基础，对于书法进中小学课堂，让中小学生练习一下毛笔字，触摸一下博大的中国文化的一边一角，对其个人修养的提高大有益处。他建议师范院校今后要多开设书法教育专业，多培养具备书法教育资质的老师，相关部门也可通过多种渠道开设形式活泼的书法欣赏讲座或业余爱好者交流平台，让书法更贴近大众，尤其是广大青少年。

采访中，记者感到汪碧刚是个谦虚低调的人，他不吹嘘自己，也不贬低别人，温文尔雅，成熟稳重。他在其撰写并出版的《笔墨青春》一书中这样写道：

漫漫人生，不管世事如何的安危相易，祸福相生，总逃不了一个情字。没有党和国家的关怀培养，没有领导、师长、家人、朋友、同事的帮助支持，就没有我今天的点滴成绩。我对此满怀感激之情！当然也要感谢那些有意无意在我成长过程中制造困难的人们，是他们教会我如何克服困难，坚忍不拔。

文化的最高境界是既要登高望远，又要脚踏实地。我对博大精深的中华文化的学习和理解只是皮毛，积赜慎始，未敢停步……

身未动，心已远。记者相信，在艺术的道路上，有更高追求的他不会停歇脚步，会越走越远。

（原载2014年第6期《中华英才》）

瀚海弄潮　后来居上

——汪碧刚印象

□朱守道

皖山自古出才俊，与碧刚合作共事，更让我有此感受。江淮大地藏龙卧虎，无论行至何处，都能吞吐风云，瀚海弄潮，自抒一番胸臆。

碧刚年近四十，雄姿英发，壮志凌云，从事名人书画院工作九个年头，在副院长兼秘书长的岗位上，他做得风生水起，左右逢源，得到中央领导同志的关怀，书画同道的关注，社会各界的关心。名人书画院名声大振！这些年来，与碧刚同在书画院共事，经常可以分享做成、做好一件事后独到的愉快和惬意。

碧刚获得成功的因素有很多，其中：一是做事有高度，讲政治，顾大局，负责任，善于理解党中央的精神和民间百姓需求，融会贯通地贯彻到具体工作中。在落实中央关于促进中华文化大发展大繁荣的号召中体现出良好的政治素养和执行能力。

二是善于组织，精于主持，张罗能力很强。名人书画院创办初期，而立之年的碧刚，便展现他不凡的组织才能，坚持依托名人，培育新人，服务社会，创立品牌的方针，每年举办一届"名人名家书画精品展"，九年时光过去，这个展览活动成为书画界的一个著名品牌，在社会上引起了很好的反响。

三是精于协调联络，广结善缘，求同存异，优化结构，形成合力；善于穿梭于不同界别，不同阶层，不同地域，四海之内皆为兄弟，化解矛盾，争取共识，通力合作共同为发展中华文化做好每一件事。中国是一个讲究尊老敬老的礼仪之邦，碧刚对老同志的尊重也体现在许多方面，谦和礼让，克己待人，说话办事有分寸，遇事多

2013年1月，笔者出席安徽省政协十一届一次会议，积极参政议政。

加商量，对老同志细致的关心体贴和照顾令人赞赏。

这些年，碧刚从事书法艺术的创作和研究突飞猛进，成果颇丰，这既得力于书法大家李铎先生的精心培养和指导，也体现了他在艺术道路上勤奋执着、对艺术规律总体把握和处理的自信、自如和胆量。他选择了最能传情达意并直抒胸襟的行草书法作为自己的主攻方向，上至唐宋先贤经典法帖，下至明清文人手札诗稿，广泛涉猎，深入临习，从善如流。碧刚在入古师承中大大提高对艺术精确的鉴赏眼力，在对优秀传统的追求中渐渐增加自身艺术积淀的厚重。通过一次次的学习研讨，逼近经典，厚积薄发，神与古会，体现了一位书法家对社会有责任有担当的文化自觉，令人刮目相看！

"桐花万里丹山路，雏凤清于老凤声"，当今改革开放、万马奔腾，正是年轻人大展宏图、在社会的发展变革中体现自身对于中华文化发展繁荣的价值所在的大好时机。碧刚步入不惑之年，我们期待他在更高的平台上展示自己的远大抱负，在艺术发展的道路上有新气象、有大作为！

（原载2014年9月6日《中国书画报》、9月12日《中国艺术报》）

笔墨青春写风流

——记北京世纪名人国际书画院副院长兼秘书长汪碧刚

□ 甘子权　孙作鹏

(《安庆晚报》特约记者)

伴着清雅甘醇的"桐城小花",身处北京奥运媒体村的一间工作室中,满眼书籍、画刊、材料,堆得似乎无处落座,这个工作室便是中央某领导题写的"碧刚书屋",汪碧刚先生的工作之所。

今年37岁的汪碧刚,貌似年轻却饱含睿智,纵然身处艺界却也不乏指点江山的将帅之气。北京世纪名人国际书画院法人代表、副院长兼秘书长、《名人名家书画报》主编、名人书画馆执行馆长、全国青联委员、北京市人民政府特邀建议人……身兼若干头衔的汪碧刚,在京城乃至全国书画艺术领域已经打拼出不小的名气,这一切来自他的不凡经历。

枞阳小伙京城振翅

汪碧刚曾供职中直机关,2002年,27岁的他毅然抽身转而从事与民族书画艺术的创作、传承等相关的工作,很多人不解其因,这不得不去回顾汪碧刚的成长之路。

1975年4月汪碧刚出生于自古文风极盛的安庆市枞阳县,从小耳濡目染苦心向学,尤对书法艺术情有独钟。到北京后,汪碧刚拜著名书法大家李铎为师,并积极加入中国书法家协会、中华诗词学会、中国散文学会等文化艺术机构,被评为国家一级美术师。2010年当选为中国书法家协会第六次全国代表大会代表，2011年成为中国书法家协会青少年工作委员会委员。

汪碧刚认识到：文化是一个民族的灵魂，当今时代，文化越来越成为民族凝聚力和创造力的重要源泉，成为综合国力竞争的重要因素；而书画是中国传统文化中一颗璀璨的明珠，这方面大有文章可做。一直怀揣人文情怀与艺术憧憬的汪碧刚，想在艺术领域努力让自己的才能为社会创造最大价值，于是便有了机关领导职务的全身而退和艺术领域的风生水起。

智慧建业艺羽渐丰

2003年，汪碧刚确定以传承发展中华书画艺术、市场商业有机融入、为社会文明与人民大众服务的思路发展事业；在短短的三年多时间里，就与中国美术家协会、中国书法家协会等单位合作，策划承办了"2003年全国中国画作品展"、"纪念邓小平诞辰100周年全国大型书法展"、"第16届国际美术大会"等一系列有影响的书画艺术交流活动。这些活动的合作者，既有中央机关、政府部门，也有国内外知名公司，规模和影响都很大；由于出手不凡，令书画策划展览业人士刮目相看。

2006年1月5日上午，汪碧刚策划组织在全国政协礼堂举行了北京世纪名人国际书画院成立和揭牌仪式。全国政协副主席张思卿应邀担任名誉院长并亲自为书画院揭牌，九届

2008年9月26日，笔者出席"名人名家颂泰宁书画精品展"开幕式并同福建省三明市委常委、泰宁县委书记曾祥辉（右四）、三明市政府副市长陈凤珠（右六）等一同剪彩。

全国政协副秘书长、著名书法家张道诚担任院长，书画名家康成元、张飙、梁东、苗培红等担任副院长（先后增补朱守道、赵立凡、张松、张铜彦、汪碧刚为副院长），还陆续聘请了周坤仁、陈士能、刘忠德、伍绍祖等20多位省部级领导和高级将领担任该院顾问，聘请袁行霈、欧阳中石、李铎、刘大为等十多位书画大家担任艺术顾问。

服务社会创立品牌

名人书画院成立后，汪碧刚进一步深化了他的事业路线图，确定"依托名人、培育新人、服务社会、创立品牌"的16字办院方针，加速促进了机构的全面发展。名人书画院每年选择一个主题举办一届"中国名人名家书画精品展"，如今这个精品展已经成为该院在国内外颇有影响力的自主品牌。7年来名人书画院开展了100多项书画交流活动，参与人数达百余万人，已发展成为集创作交流、学术研究、展览培训为一体的国内知名书画艺术团体。2011年11月，名人书画院还在首都体育馆一层开辟了1000平方米的名人书画馆，专门为名人名家举办书画展。

为了让名人名家回到人民中间，七年来名人书画院多次组织名人名家进社区、进课堂、进农村、进军营，为人民群众挥毫泼墨。2007年名人书画院与中国扶贫开发协会联合举办了"心系扶贫、爱心永恒"名人名家书画笔会，现场捐赠119幅书画作品，用于扶贫开发事业；2008年与中华慈善总会联合举办了"抗震救灾、众志成城"名人名家慈善书画捐赠笔会，现场捐赠书画作品338幅，支持四川汶川地震灾区灾后重建；多年来，名人书画院为个人与社会各项公益事业捐款数百万元,捐赠作品数千幅,受到社会广泛赞誉。

业绩显著各界首肯

笔者主持"寻找美丽中华"全国青少年书画大赛获奖作品展开幕式,并同小朋友合影。

如今,名人书画院已经有300多名院士,特聘书画家500多人。与社会名流打交道,并不是一件容易事,汪碧刚常说,要想得到社会的认可,就要让社会有认可你的地方。

既要处理庞杂的机构事务,又要解决诸多的棘手问题,主持日常工作的汪碧刚,自然也就需要在北京的几个办公场所及国内外的活动事务现场间不断地穿梭游走。汪碧刚注重修身养性,他办名人书画院,看重的是社会效益,是为祖国的文化艺术繁荣作贡献。而这些,恰使汪碧刚的人生价值得到了完美体现,也使他得到了社会名流的一致认可。

全国政协副主席白立忱这样评价:"汪碧刚刻苦勤奋,工作岗位虽几经变换,读书学习、写作创作却能坚持不懈,且成果显著。他将爱好变成习惯乃至职业,十余年的历练,使他的自身素质和艺术水平得到不断提高。作为新时代的青年,他积极参加和谐文化建设,倡导社会文明之风,发扬诚信和谐的社会风尚,从我做起,从身边做起,充分展现了当代青年良好的精神风貌。"

忙碌之中,汪碧刚没有忘记回报生养他的故乡。身兼枞阳县政府顾问,他积极建言献策,帮助协调相关事宜,连家乡修路,也没有忘记表达自己的一番心意。

(原载2012年7月29日《安庆晚报》)

字里行间的情怀与担当

——汪碧刚其人其书

□ 李文慧

(《中国书画报》记者)

汪碧刚写字,最初是因为爱好,喜欢线条在宣纸上跃动、变化时形成的韵律感,写得久了,字里行间便有了自己的喜怒哀乐。于是,再谈书法,便不单单是喜欢,而是成了他的一种情感方式,甚至生活方式。"书法是属于有情怀的人的事。"这是他如今对书法的理解。

情怀是一种不太容易说清的东西,在汪碧刚口中,情怀是诗和远方,是家国情结,也是文人的担当。汪碧刚的情怀,一半是政治的,一半是文化的。书法艺术当然可以成为安放他的情怀的一种方式,但是写书法究竟不是他的主业,他首先是一位学者,有着自己的研究领域和方向。2015年4月他进入北京大学做博士后,研究方向是社会学、公共管理,现任北京大学城市治理研究院的副院长和秘书长。他很年轻,然而担子却着实不轻。很多人

2016年9月22日至27日,笔者在云南普洱采风。

对于年轻的他能否胜任如此重任是有担心的，他也因此在不断地、多方面地学习、积累，因为"既然做事就必须做好"是他的原则。到北大工作不到3年，他出版了4部专著，发表了30余篇论文，有些科研成果站在了国内前沿。由此可知，与此任相比，写书法是他的余事，但是若反观其书，又觉得是余事中的正事。

对于城市治理，汪碧刚有自己的见解，他更愿意从文化的角度来谈治理城市，因为文化的分量能体现一个城市的厚度和温度。在他看来，城市治理就是文化，是各种生态并存很综合的文化，比如政治生态、经济生态、社会生态、环境生态，这里面有宏观也有微观，治理是多维度的，但无论宏观还是微观，都是人文精神的体现，以人为本，一切为了人。人，才是汪碧刚关心的。回到书法，其作品里若隐若现的，也是人，只是这个"人"，更多的是他自己，有他的精进、他的徘徊，也有他的困惑、他的领悟，虽然他可能并没有认真地分析过一幅书法作品中究竟有一个怎样的自己。

汪碧刚的家国情怀与文人担当最早是从史书中读来的。他出生在安徽一个农村，所以常说自己是农民的孩子。他的父亲是位退伍军人，但是并不短见，再艰难也支持孩子们完成读书的心愿。汪碧刚喜欢书法，父亲便把能给的支持都给了他，甚至带着年幼的他挨家挨户去看春联，看不同书体的字，也看那些字里的乡情。汪碧刚如今文雅的气质想必与当年父亲的文化认知有关。对文化的向往，是形成文化气质的基础，而且是相当给力的基础。汪碧刚对书法的热爱雏形于幼年，大学本科读的却是中文，彼时沉浸书海，读经阅史，吟骚诵赋，几年下来他发现，浩如烟海的中国社会发展史，字里行间排列的其实就是一种修身、齐家、治国、平天下的家国情怀和文人担当。从浩瀚的史书中走出来，身上便濡染了这样的气质，心里也充塞了这样的愿望。后来再拿起毛笔，线条与点画的交错间便会自然流泻出这样的趣味,有时疾有时徐,有时静有时动,有时明净如夜空,有时奔腾如潮汐,依着心性,一任天然。"书法是线条艺术,是笔墨情趣,写的是汉字,表达的是人文精神,体现的是中华文化。"汪碧刚如是说。然而,究竟书法首先是技术的。尽管技在手道在心,但没有应手的技术很难有得心的效果。因此,很长一段时间里,汪碧刚无论多忙,每天必定抽出一两个小时扎扎实实地用于书写。

汪碧刚的学书经历并不复杂,也很纯粹,他是听凭自己内心的,这点显得有些与众不同。他喜欢行草书,入手时从二王。二王书风无处不在的潇洒倜傥、流利文雅让他痴醉了好一阵,沉浮其间,不能自拔。但是写着写着,他觉察到了问题,二王舒卷的文质是属于案头的,展卷把玩自是美不胜收,但是禁不得放大,若写成牌匾张挂,便如蝉翼一般单薄,好像上不得战场的文士。其心中长枪大戟般的慷慨,落笔二王是断然释放不出来的,还会倒逼成一种压抑,于是他知道,他需要再觅新径了。

幸运的是,汪碧刚有一位好老师——书法大家李铎先生。李铎擅榜书,风格厚重大气,笔下似有千钧之力,刚好可以补充汪碧刚写二王的孱弱。于是,他又一头扎进老师的模式中。一年下来几可乱真,落笔便是李铎。这让汪碧刚更加困惑,他是要喊出自己的心声,绝不想假他人之口。于是,他买了真草隶篆各种碑帖来临写,寻找突破自己的出口。然而,对于肖似自己,李铎先生并不着急。在他看来,学书之道无非八字:兴趣、勤奋、悟性、路径。碧刚这位弟子已得了前六个字,后面只需稍加指点即可,李铎先生的指点是宏观的:"不妨写写王铎。"

果然,王铎拓宽了汪碧刚的瓶颈。王铎书风中风樯阵马的势头和变化多端的用笔，与汪碧刚的某些心绪一拍即合，写起来恣肆汪洋、殊快人意。他不仅临得痛快淋漓，还乘风展翅，上溯怀素、张旭，在草书的灵动飘逸中反观行书，体会行、草之间的不同趣味，大有斩获。汪碧刚也曾走过中规中矩的楷法之路，但最终选择行书作为主修方向，是为了更加贴近自己的内心。他说，行书是楷书的草化、草书的楷化，在束缚与放纵之间，正可实现从心所欲不逾矩的境界。汪碧刚说，每天一两个小时临池，他都是带着解决问题的心态进行的。比如，他可能会集中一段时间琢磨提笔问题；又如，某个时段他专写古人的东西，反复写，由陌生写到熟悉，直写到这个古人真真实实地站在了自己面前，与他交谈……这样刻苦浸淫翰墨的结果，就是有一天他抱着一大卷作品去见李铎老师，过目之后，老师竟然兴奋地站了起来，说："你写出来了！"

汪碧刚担任北京世纪名人国际书画院常务副院长和秘书长已有12年时间。这12年，也是他书法艺术快速成长的12年。12年里，他由一个书法爱好者变成了书法创作者。12年里，借助书画院这个平台，他做了很多有效接续中国传统文脉的工作，举办了12届中国名人名家书画精品展，创办了一份在业界颇受尊重的《名人名家书画报》。他总是说，当下文化艺术创作者必须思考的问题是，如何能在新一轮文化大发展大繁荣的形势中找对位置，拿出自己叫得响的优秀作品。这可以视作汪碧刚的情怀与担当。

汪碧刚在北大的办公室里挂着一幅自己写的字："敖不可长、欲不可纵、志不可满、乐不可极。"汪碧刚把它写出来挂在壁上，是要时刻警醒自己，严于律己，不可骄傲。这，应该也可以视作汪碧刚的情怀与担当。

（原载2017年8月5日《中国书画报》）

汪碧刚：书家要有"家国情怀与文人担当"

□ 张亚萌

（《中国艺术报》记者）

黑格尔曾言："世上大概有两种人：一种人毕生致力于拥有，另一种人毕生致力于有所作为。一心渴望拥有，一旦没有达到目的，就会失落、痛苦和绝望。心无旁骛、专心于事业的追求，就会忘掉许多烦恼，找到许多努力过程中的快乐。默默耕耘的人其实是最智慧的人。"书法家、北京大学城市治理研究院副院长兼秘书长汪碧刚应该属于后者。

在书法创作上"低调耕耘"，在书法和学术服务社会公众方面"高调入世"，汪碧刚把近些年在这两个领域取得的成果融汇在由北京世纪名人国际书画院、安徽省政协书画院、安徽省书协主办，8月20日至26日将亮相合肥亚明艺术馆的"不忘初心，致敬青春——汪碧刚书法作品展"中。

做好"文化人"

《思想自由兼容并包》《家国情怀》《立善法于天下，则天下治；立善法于一国，则一国治》《宰相必起于州部，猛将必发于卒伍》……"诗文随世运，无日不趋新"，在"不忘初心，致敬青春"展览中，汪碧刚的书作少有风花雪月，只有"笔墨当随时代"。

"方向、逻辑、方法"是他的"六字法宝",无论是书法创作,抑或学术研究,概莫能外——"方向准确,逻辑清晰,方法得当,定能成事。"他说。他的恩师、中国书协顾问李铎先生说:"习书之道有八字不可或缺,即兴趣、勤奋、悟性、路径。其中路径不外临立变创。"多年来,汪碧刚谨遵教诲,探索实践,寄情笔墨。在他看来,"书法是动手的艺术、应用学科,书是'写',法是'度',书中有法;但若只会写,没有悟,便是写字匠,没有文化、字无变化,不能称之为书法家。"

在汪碧刚眼中,古代书法是实用的,是日常书写不可缺少的工具,而当代的书法创作,要到丰厚的历史积淀中去追寻和探求;回归传统、重温经典是当下书法研习和创作的不二法门。"书法作为中华文化的代表性符号,在新的时代环境下,面临着传承、弘扬、创新的使命。"他说,"要在继承的基础上创新,时代在发展进步,中国书法要尊重个性、尊重创造;在继承传统的同时,要加强对传统文化的发掘及传承体系的梳理,在探索创新上,要多方借鉴、多元共享——做好'文化人'。"正是基于此,他把创作基点放在雅俗之间,在"雅俗共赏"的基调下博涉约取、

2009年1月5日,名人书画院四周年院庆暨新年联谊笔会。

取精用宏。他以经典翰墨的熏陶为资粮，以勤奋刻苦为根本，对"二王"书风及晋人韵致反复体味。在中国书协理事、海军美术书法创作院副院长张坤山看来，汪碧刚"用笔简约，干净利落，中锋运作兼取侧势，结体空灵、平和，奇正相生，左右揖让，章法布局一任自然……其笔力腕力皆能运用得当，有承继一代先贤之用心。"

诗和远方，前行在路上

力避闭门造车、时刻将自己置身于社会的洪流之中，是时代赋予当代书法家的使命和责任。"我常在想，我们这些舞文弄墨的人，又是伴随着改革开放成长起来的年轻一代，什么是我们最为可贵的本质？恐怕莫过于'家国情怀与文人担当'，亦作'书品人品兼修'。"汪碧刚说。

"汪碧刚热爱家乡，报效桑梓，为安徽的文学艺术事业特别

2015年9月30日，笔者慰问海军司令部新兵营，向新兵赠送书法作品。

是书法事业的发展作出了积极贡献。他还致力于城市治理现代化的研究,学术成果丰富,热心社会公益事业。"中国书协理事、安徽省文联主席、省书协常务副主席吴雪介绍。在北京大学城市治理研究院任职之后,汪碧刚成功"转型""跨界":《中西居住文化背景下的街区制比较研究》《制度是社区治理最为重要的影响因素》《推动高校建设智库助力现代化城市治理》等论文和《一核多元融合共治——2016中国智慧社区发展报告》《社区政治视野下的"一核多元"治理模式研究》等专著连续发表,让社会学及城市规划学界感受到智慧社区和城市新型治理思路的新风。

对于"跨界",汪碧刚却认为这是当代有志于文化之人的"必经之途":"从孔夫子的'大道天下'到屈原的'众人皆醉我独醒',到范仲淹的'先天下之忧而忧,后天下之乐而乐',这一切编织成一条绵延的思想传统。这一思想传统移植到中国现代意义上的知识分子身上,蝶化成'五四'启蒙精神。因此,从精神谱系上说,中国现代意义上的知识分子和中国传统文人是一脉相承的。这就决定了中国现代文学强烈的现实品格和浓郁的政治情怀。"在这样的传统文脉中,汪碧刚愿做一个"入世"的书法家,正如他说:"诗和远方,前行在路上"。

(原载2017年8月7日《中国艺术报》)

心系桑梓　资政建言

中国人民政治协商会议第十一届安徽省委员会
第二次会议第 0420 号提案

关于在我省积极推进"书法进课堂"的提案

□ 汪碧刚

（2014 年 01 月 29 日）

作为文化资源大省，安徽一直致力建设文化强省。今年是落实教育部中小学开展书法教育的第三年，中小学书法教学效果和书法教育状况，直接关系到教育部意见的落实，关系到祖国传统文化的可持续发展，关系安徽文化强省建设。

2011年8月教育部印发了《关于中小学开展书法教育的意见》，明确要求"在义务教育阶段语文课程中，要按照课程标准要求开展书法教育，其中三至六年级的语文课程中，每周安排一课时的书法课"，2013年2月教育部正式出台了《中小学书法教育指导纲要》，要求将书法教育纳入中小学教学体系，学生分年龄、分阶段修习硬笔和毛笔书法，各学校从小学三年级起要开设专门的毛笔书法课。虽然《纲要》的出台标志着书法课正式进入中小学课堂，但由于专业师资匮乏、没有统一教材以及应试压力等现实原因，政策落地情况不容乐观。

中小学开展书法教育，对于提高我省文化软实力具有积极意义。我省如何全面推进"书法进课堂"不得不引起重视。

一、"书法进课堂"得到我省社会各界广泛拥护赞成

教育部《关于中小学开展书法教育的意见》将书法作为推动文化发展的重要推手，在安徽书法界、教育文化界乃至社会上引起强烈反响。认为书法集中地承载着中国传统文化，书法是培养中小学生审美素质的重要途径，书法基础教育对于中小学生德育、美育和爱国教育具有重要意义。教育部出台文件拥护赞成的多反对的少，这既是课堂教学的需要，也是时代发展的要求。

二、我省书法基础教育存在的问题

1. 认识不到位

教育部明确指出：小学1～2年级学生练习写硬笔字，主要结合语文课进行，加强正确写字姿势的指导，注重良好写字习惯的培养。小学3-4年级的学生，开始用毛笔临摹名家名帖书法。5～6年级学生和初中学生，在用毛笔临摹名家名帖书法的同时，进行初步毛笔书法创作练习。高中学生主要结合艺术、美术课进行书法练习，用毛笔临摹名家名帖书法和进行毛笔书法创作练习。这是一个程序分明、推进有序、目标明确的合理设计。

我省的实际情况是，中小学校普遍还认识不到书法的重要性、现实意义和长远意义，在他们眼里，书法基本就是一门副科。大多数学校虽然按相关通知要求开设了书法课程，却形同虚设，其评价的标准还是依旧放在文化课上，致使书法进课堂处于尴尬境地。

2. 效果不佳

一是书法课时难以保证。教育部要求三至六年级的语文课程中，每

周安排一课时的书法课，不少学校开设书法课"心有余而力不足"。学生日常学习任务重，学校很难集中时间进行书法教育，尤其是利用整节课来进行书法教育。书法课被其他课程占用，成为目前中小学校的普遍现象。

二是教材选用标准不一。全国的中小学书法课程都没有派发统一的书法教材，目前市面适合中小学做课堂教材也很少。事实上，书法教学无论是硬笔还是毛笔的教学，都需要系统的教材。

三是师资队伍参差不齐。教师在书法教学中起着关键性的作用，目前全省各市中小学书法专业专职老师寥寥无几，书法课程一般由校内有书法专长的老师代课，校外的书法老师兼课的更是微乎其微，难以保障书法课程质量。

三、全面推进我省中小学书法教育的几点建议

1. 加强师资队伍建设

成功开设书法课程的关键是教师，没有师资，落实教育部文件、推进书法进课堂是一句空话。2012年和2013年暑期，省教育厅、省书协先后举办了第一、二届安徽省中小学书法骨干教师高级研修班，百名教师参加，学员的培训、食宿费、教材等费用全部由财政列支。省教育厅、省书协今后将铺开书法教师培训，将大面积展开市级、县级书法师资培训，以适应新形势下书法教育的需要，推进书法教育的发展。这是有益尝试，但这对于数以百万计的我省中小学生来讲，无疑是杯水车薪。就目前而言，全部引进书法教师也不现实：一是各个学校不可能一下子解决所有书法教师的编制问题；二是全国招收书法专业的院校只有70多

所，不可能满足全国中小学书法教师的缺口，更何况毕业生不可能都进行中小学从事书法教学。要解决目前书法教师问题，满足中小学书法教学，可以通过引进、聘用、借用、培训等诸多方式，需要全社会支持。

2. 科学制定教材

2013年11月，教育部为在全国范围内推动落实"书法进课堂"，已经展开书法教育教材的审订工作。制定中小学书法教材是一个科学的系统的工程。这一任务要由各地教育主管部门承担。这就要求我省教育主管部门按照中小学实际科学设计系统的书法教材。一是要系统，二是要全面，三是要循序渐进。要符合不同阶段学生特点，制定不同的教材，教材的设计要呈阶梯状，由易到难，由浅至深，由技法到审美，逐步进行。

3. 建立健全书法教学监督评价机制

中小学普遍认为书法课不考试，写来写去没意思，毛笔字用不上，都用电脑书写了。因此，很多学校虽然开了课，但无人监管、无人问。建立健全书法教学监督评价机制是落实文件精神的重要环节。

一是建立监督机制，主要任务是对教学管理、教师任职条件及资源配置等进行规划，对教学效果进行科学监督。二是根据情况定期不定期深入学校进行检查考核，重点查看有没有开书法课、怎么开的、任课老师、场地、教学设备等情况。三是定期不定期举行中小学学校书法赛事，检验教学成果，并将比赛结果纳入学校评价考核机制，将书法教学考核纳入学校评价考核内容。四是将书法同其他课程一样纳入日常考试科目，同考试、同考核、同评价，建立健全教学评估机制。书法作为一门专业性、操作性强的艺术门类，建立完善的教学评价体系可以有效地促进书法教学的有序发展。

安徽省教育厅

皖教办案〔2014〕159号

对安徽省政协十一届二次会议
第0420号提案的答复

汪碧刚委员：

您在省政协第十一届二次会议上《关于在我省积极推进"书法进课堂"》的提案，我厅高度重视，现就提案提出的问题答复如下：

中小学写字是《语文》教学的重要内容，我省中小学一直以来努力按照中小学《语文》课程标准的要求，开展写字（书法）教学。为落实写字（书法）教学课时，提高写字（书法）教学质量，我省从上世纪90年代中期即组织编写了中小学《写字》教材，供全省中小学开设写字（书法）课使用。各地在积极开好写字（书法）课的同时，还结合学校实际，开展书法课外社团活动，一些学校还将书法教学作为学校特色教育的重要方面，开展系列教育，长期坚持，取得良好的教学成绩。教育部《关于中小学开展书法教育的意见》和《中小学书法教育指导纲要》颁布以后，我省制定实施意见，落实书法教育的教学时间，在义务教育阶段书法教育以语文课、美术课为主，小学3-6年级每周安排1课时用于毛

（扫描件）

笔字学习。普通高中结合语文、历史、美术欣赏等相关课程开设书法选修课。但是,由于对于书法教育的认识程度,以及开展书法教育相关的师资队伍、教材建设和教学设施等方面问题,从整体上来说,书法教育课程开设仍然不够规范,教学效果与指导纲要的要求仍有相当差距。

您在提案中对中小学书法教育现状、问题的分析十分准确,对于开展好中小学书法教育的建议具有很强的针对性,我们将在今后的工作中认真采纳。为进一步落实教育部有关中小学书法教育的要求,提升我省中小学书法教育的整体水平,今后将着重做好以下几项工作:

一是加强宣传,提高对中小学书法教育重要意义的认识。书法教育有利于中小学生养成良好的书写习惯,有利于加深对优秀传统文化的理解,增强对祖国语言文字的热爱,可以培养学生的观察能力、分析能力、表达能力,养成细致、专注、持久的学习品质,提高学生的审美情趣,促进健康的个性发展,是实施素质教育的必然要求。各级教育行政部门要全面贯彻《关于中小学开展书法教育的意见》和《中小学书法教育指导纲要》的要求,指导中小学校开展和落实好书法教育课程开设。

二是结合全省中小学校书法教育的实际情况,对书法教育的课程安排、教学管理、资源配置等作出安排,积极推进书法教育。教育部即将公布通过国家中小学教材审查委员会审查通过的中小学书法教材,供各省选用,这为规范中小学书法教育提供了基本

(扫描件)

的教学依据和条件，我省将通过书法教材选用，做到书法教育课程按照规定要求开设，加强书法教学研究，不断提高教学质量。

三是充实书法教育师资队伍，提升教育教学水平。在原有的语文教师和其他有专长教师为主体的书法教师队伍的基础上，聘请书法工作者、书法爱好者担任学校书法教育指导教师。开展学校书法教师培训，继续办好省级骨干教师培训班，指导市、县教育行政部门开展相关培训。支持宿州学院等高校办好并扩大书法教育专业，引导师范类院校在文史类专业开设书法教育通识课程，为未来中小学开设好书法课程奠定基础。

四是强化书法教育的评价考核。把书法教育开展情况纳入对市、县教育教学工作考核和督导评估之中；在语文等相关学科考试中将汉字书写水平作为重要内容和标准，占一定分值；开展师生书法教学成果评选、比赛等，推动中小学书法教育广泛、深入开展。

安徽省教育厅
2014年5月19日

答复类型：B
主办处室：省教育厅基础教育处
联系电话：（0551）62831881
抄送：省政府督查室、省政协提案委员会办公室

（扫描件）

中国人民政治协商会议第十一届安徽省委员会
第三次会议第0466号提案

关于推动我省民营企业转型升级的提案

□ 汪碧刚

（2015年01月22日）

党的十八届三中全会通过的《中共中央关于全面深化改革若干重大问题的决定》指出，建设统一开放、竞争有序的市场体系，是使市场在资源配置中起决定性作用的基础。必须加快形成企业自主经营、公平竞争，消费者自由选择、自主消费，商品和要素自由流动、平等交换的现代市场体系，着力清除市场壁垒，提高资源配置效率和公平性。十八届三中全会提出建立产学研协同创新机制，强化企业在技术创新中的主体地位，发挥大型企业创新骨干作用，激发中小企业创新活力，推进应用型技术研发机构市场化、企业化改革，建设国家创新体系。所有这些，都表明了党中央坚持科学发展、和谐发展的坚定决心和信心，表明企业转型升级已成为不可逆转的时代潮流。

2014年全省民营经济进一步发展壮大，对全省工业发展的贡献愈加凸显。2014年前11个月，规模以上民营工业企业实现增加值5854.4亿元，增长14.2%，比全部规模以上工业高3个百分点；对全省规模以上工业增长的贡献率达82.5%，比上年同期高8.9个百分点；全年民营工业企业实现增加值6462亿元，增长13.9%。

由全国工商联评选的"2014中国民营企业500强"，安徽仅有两家民营企业入榜，形势不容乐观。经过30多年的高速发展，民营企业已经完成了"量的积累阶段"，进入以企业全面转型和提升为核心任务的"质的提高阶段"。在国际国内市场进一步开放、国际产业资本迅速向国内转移的历史背景下，民营企业必须找准新的历史方位，迅速进行社会责任、企业家理性文化、产业结构、产品结构、企业价值观和企业组织结构的治理整合，提高核心竞争力在产业竞争制高点上拓宽新的视野。

转变经济发展方式的主体归根到底是企业。民营企业是安徽经济发展的生力军，没有民营企业发展方式的转变，就难以实现整个经济发展方式的转变和整个经济结构的优化。因此，在打造"三个强省"、建设美好安徽的重要机遇期，如何促进民营企业转型升级，怎样推动民营企业快速发展，是摆在我们面前的重要课题，需要认真对待。

笔者经过研究分析认为，我省民营企业转型的应基于五种大方向：产业平台化、品牌世界化、发展差异化、定位准确化、服务社会化。市场需求拉动力、政策推动力、企业家创新力是民营企业转型升级的动力。企业家的创新力是民营企业的灵魂，是企业转型升级能否成功的重要支撑点，这对当前民营企业健康快速发展的探讨具有特别重要的意义。

建议我省民营企业要认真评估和适应外部环境变化，及时调整发展战略，不断化解前进风险，大力推动安徽民营企业的转型升级。

1. 从"朝阳产业"向"战略产业"整合调整发展转型。朝阳产业可以认为是新兴产业,具有强大生命力的,是技术的突破创新带动企业的产业,市场前景广阔,代表未来发展的趋势,一定条件下可演变为主导产业甚至支柱产业。国家不能放任本国战略产业企业在全球竞争中,自生自灭。国家对战略产业有保护扶持的责任,决不会任其在国际竞争中被"劣汰"。

2. 从"多元化经营"向"归核化经营"转型。历史条件今非昔比企业战略宜"归核"中国企业多元化有它历史的合理性,历史的合理性必然也意味着历史的局限性。随着中国市场竞争的不断加剧,中国企业也会逐渐地提高专业化经营的程度,走向归核的道路。在新的生存环境下,以退为进,首先做强,是进一步做大的必经之路。

3. 从"跳跃式战略"向"可持续发展战略"转型。可持续发展的企业,是着力打好企业基础,追求成长速度与成长质量、扩大规模与增加效益、有形资产与无形资产增长的有机结合。企业具有一种促进可持续性发展的机制,但要综合考虑各种管理要素和外部环境的综合协调。只有这样才可能从总体上把握企业的可持续性发展。

4. 从"低成本战略"向"差异化战略"转型。根据目前的市场供求状况和发展趋势分析,商品生产重合度过高导致商品市场供过于求是制约中小企业发展的最主要因素,所以,采取差异化战略是中小企业必需的、首要的发展战略。

5. 从"弱、小、散"向"提高产业集中度战略"转型。中小企业之间联合兼并,强化产业集中度,兼并和收购是企业联合的雏形,通过兼并和收购,企业可以扩充技术力量和生产能力,实现低成本扩张,达到规模经济,从而降低成本,扩大品牌的辐射能力。

6. 从"经济区域不均"向"梯度转移战略即产业转移"转型。

梯度转移战略是一种区域非均衡发展战略。产业结构提升是龙头,可以确保企业的技术竞争力,拓展产业链条,在行业发展中处于领先地位,并使企业在竞争环境中能够长时间取得主动的核心能力。

7. 从OEM向ODM转型、OBM转型。此次被全球经济危机洗牌出局的企业,除了"重外轻内"经济模式显著外,还有一个很重要的共同点,即这些实体经济更多为OEM企业。从最简单的OEM方式逐渐变成ODM,企业具有自主的设计能力再加工,以提高市场竞争力和产品附加值。对于没有品牌的做OEM或ODM企业,通过前期的企业运作帮助积累了资本、管理经验、人才、技术和资源,这时应该创立属于自己的品牌。

安徽省经济和信息化委员会

皖经信中小服务函〔2015〕619号

关于省政协十一届三次会议第0466号
提案答复的函

汪碧刚委员：

您在省政协十一届三次会议上提出的关于推动我省民营企业转型升级的提案收悉，经研究办理，现答复如下：

首先，感谢您对我省民营经济发展的关心和关注。近年来，全省上下对促进民营经济发展的共识日益增强，纵横联动效应日益明显，并在大力发展高成长性产业、促进民营企业做大做强、走"专精特新"发展道路、推动产业结构调整和集群发展、实施品牌战略等方面持续发力，取得初步成效。

一是推进产业结构调整，大力发展高成长性产业。2014年，我委组织召开了十大高成长产业推进会，分行业、分阶段开展调度。语音产业部省合作推进顺利，语音产业园已开建，2014年，科大讯飞销售收入17.75亿元，同比增长41.6%；推进合芜马工业机器人产业园建设，实施首台（套）重大技术装备项目201项，认定省级首台（套）33个；加大新能源汽车试点示范和推广应用，累计推广新能源汽车近1万辆；依托合肥、芜湖、滁州等电

（扫描件）

子信息集聚基地，加快新型显示、芯片、智能手机、可穿戴设备、北斗导航应用等产品研发设计和生产制造。2014年，十大高成长性产业取得迅猛快速发展，共实现工业总产值5809.2亿元，同比增长25.6%。其中，智能终端、新能源汽车、新型显示、智能语音产业产值分别增长96.9%、40.8%、57.7%和24.0%，实现了2014年十大高成长性产业产值增长25%以上的目标。

二是推动深化改革，增强民营企业创新动力。2014年，我委制定了全省工业和信息化领域深化改革意见，建立权力清单、收费清单、责任清单，精简行政权力50项，精简率达53%。实行重点督办事项"台账销号式"管理。牵头做好减轻企业负担工作，主动缓征墙改和水泥散装2项基金，为企业年减负3亿元；取消、缓征等各类收费318项，年减轻企业负担超过17亿元。改进省级企业发展专项资金分配方式，出台项目审核管理办法，建立"三会一审"制度，省级财政支持企业发展项目精简55.7%，单体项目资金提高至50万元以上，推进企业技术创新能力建设，征集企业技术难题329项，高校科技成果1339项，实施10项重点产业技术攻关项目；开展技术中心和新产品认定工作，2014年，新认定省级企业技术中心115家，新增国家级中心14家，认定省级技术创新示范企业29户，认定省级新产品345项，组建化工新材料产业创新联盟2个；美亚光电、江淮汽车、合肥杰事杰等5家企业获得"2014国家技术创新示范企业"称号。

三是开展小微企业专项行动，促进民营企业做大做强。建立企业易信群、微信群，开展涉企政策"进园区、进基层、进企业"、"安徽产业集群百镇行"等活动，进一步提高政策知晓率和落实率。推进"1+44"中小企业平台网络建设，首批接入218家社会服务机构，培育30个省级产业集群专业镇示范点，新认定国家级中小企业公共服务示范平台5家、省级19家。促进"个转企、小升规"，印发《关于促进中小企业专精特新发展的实施意见》，新认定"专精特新"中小企业200户。大力推动徽商"凤还巢"，开展国外专家智力引进服务。加强民企合作项目调度，517个2013年省与全国知名民企合作5亿元以上项目开工488个，完成投资2352.6亿元。争取国家中小企业发展专项资金4.3亿元，其中中小企业信用担保代偿补偿资金3亿元，居全国第1位。与进出口银行安徽分行合作，落实装备制造及电子信息项目贷款36个，授信额度58.1亿元；与省建行等3家银行合作，为127户产业集群专业镇中小企业提供担保贷款3.2亿元。

四是淘汰化解过剩产能，腾挪民营企业发展空间。认真贯彻落实国家淘汰落后产能、化解过剩产能政策，严格实施钢铁、铸造、铜、铝、水泥、平板玻璃等行业准入公告管理，严控高耗能高污染行业新建、改（扩）建项目，综合运用能耗限额标准、产品质量标准、差别电价等政策措施，认真做好淘汰落后和化解过剩产能工作，实现了传统产业"产能不增、水平提升"。截至2014年底，除马钢（合肥）钢铁有限责任公司外，列入2014年我省工业行业淘汰落后产能的项目均按期停产，关停炼铁90万吨、

（扫描件）

炼钢 88 万吨、铅冶炼（再生铅）10 万吨、焦炭 30 万吨、水泥（含熟料）240 万吨、制革 25 万标张、铅酸蓄电池产能 40 万千伏安时。

五是强化节能减排，推动民营企业绿色发展。 实施电机、锅炉能效提升行动，重点推进 17 家国家能源管理中心示范项目建设。落实大气污染防治行动计划，制定"安徽省高风险污染物削减行动计划"，实施清洁生产示范项目 12 项，9 家企业多个型号节能产品入选工信部推荐名单。合肥经济技术开发区、池州经济技术开发区列入国家低碳工业园区试点，铜陵有色等 3 家公司尾矿综合利用项目列入国家示范工程。推进节能与资源综合利用，2014 年，组织实施国家和省专项资金项目 138 个，生产新型墙材 247.1 亿标砖，生产散装水泥 8574.05 万吨，共节约标准煤 197 万吨，减少粉尘排放量 86.17 万吨，减少二氧化碳排放量 512.2 万吨，减少二氧化硫排放量 1.67 万吨，实现综合经济效益 38.58 亿元。

六是重视质量管理，打造民营企业标准品牌。 实施标准和知识产权战略，研究制定我省标准认定、质量管理、品牌建设行动方案，截至 2014 年底，认定工业标准化示范企业 50 个以上，10 个地方标准、30 个行业标准获立项批准。开展民营企业主导制定国际、国家和行业标准奖补工作，补助国标 46 个、行标 56 个。推进工业设计人才队伍和产业基地建设，举办第一届安徽省"江淮杯"工业设计大赛，共收到省内外参赛作品 3708 件。实施"工业产品质量品牌专项行动计划",认定省质量奖企业65户和省级优秀QC(产品质量控制)小组176个,省质量信得过班组41个;合肥美菱股份荣获"工业品牌培育示范企业"称号,合肥荣事达三洋荣获"全国质量标杆"称号。52家皖企上榜2014中国工业行业排头兵名单。

下一步,我委将继续发挥省发展民营经济领导小组办公室的作用,并结合您的建议,推动省有关单位和全省各级政府部门进一步创新思路,提升工作绩效,促进我省民营经济持续健康发展。

一是培育发展高成长产业。加快推进芜湖、合肥、富士康(安庆)机器人产业基地、合肥南车基地二期、芜湖中联重工、奇瑞、江淮新能源汽车等装备项目建设,建成南车基地一期、马钢动车车轮等项目,2015年,实施首台(套)重大技术装备研制项目200项以上,销售新能源汽车5000辆,建设智能装备强省。加快建设中国(合肥)智能语音产业园,面向全球招商引资100家以上配套企业,加快推进在教育、家电、汽车、智能终端等领域等的应用,打造"中国声谷"。加快芜湖东旭光电、合肥鑫晟8.5代线、彩虹玻璃基板、宝龙达平板电脑和手机等项目建设,推动平板显示、智能终端等配套产业园建设,促进合肥等市集成电路产业发展,新培育2-4个省级电子信息产业基地,培育电子信息主导产业。推进宿州、淮南云计算产业基地建设,打造合肥、马鞍山、芜湖三大软件园,争创"中国软件名城"。力争十大高成长产业产值突破6000亿元,增长20%以上。

— 5 —

(扫描件)

二是促进产业融合发展。实施产业集群提质创牌行动,以30户省级产业集群专业镇建设示范点为标杆,打造一批百亿元级的产业集群,新认定一批省级产业集群专业镇(工业园区)。搭建军民两用技术双向转移平台,适时发布军民两用技术推广目录,引导优势民营企业进入军品科研生产和维修领域,加快量子通信、智能语音等先进技术在国防领域的拓展应用。培育发展新产业、新业态,大力发展工业设计、电子商务、信息科技、品牌营销、互联网金融、工业互联网等。重点建设100个新型工业化产业示范基地。

三是改造提升传统产业。推动智能语音、新材料技术与家电产品的嫁接融合,加快家电产业向智能化、绿色化方向升级。支持淮南、淮北、皖北三大矿业集团开展省外煤矿托管经营。支持汽车企业加强关键核心零部件及优势车型研发制造。编制新材料产业发展规划,实施关键材料升级换代工程,支持钢铁、有色、化工、玻璃等企业发展新材料品种,打造我省铜、铁、硅基及化工新材料产业基地。加快现代中药、绿色有机食品加工、纺织鞋服等一批产业基地建设。

四是培育市场主体。实施龙头企业培育工程,力争新增规模企业1500户。实施专精特新培育成长行动,培育壮大一批具有核心竞争力的全国"单打冠军"、"行业排头兵"和"配套专家",新增"专精特新"中小企业200户。开展"创业无忧"行动,创建省级小微企业创业基地30个,推动"个转企、小升规",新增企业5

万户。

五是推动产业化创新。完善以企业为主体的制造业创新体系,认定省级企业技术中心50户,认定行业技术中心1-2家,组建一批产业技术创新联盟,争创部级重点实验室。组织开展产学研对接,面向高校、企业征集发布技术需求300项、科技成果1000项以上,组织实施1000项重点技术创新项目,突破一批关键技术,促进40-50项重点科技成果转化和产业化应用。培育一批知识产权运用示范企业。

六是推动人才和模式创新。打造"皖军徽匠",培养一批"新徽商"企业家。引进一批创新型团队和领军人才,打造数以万计具有专业技能的产业工人队伍。支持企业建立院士工作站、博士后科研工作站。实施企业家新生代培养行动,开展企业经营管理者梯级培训,力争培训人数超过4000名。促进产业组织模式向"众筹"、"众包"、平台经济、联盟经济转变,生产方式向敏捷制造、精密制造、柔性制造、绿色制造、个性化定制转变,管理模式向精准供应链管理、总承包总集成转变,营销模式向电子商务、B2C、O2O转变,赢利模式向品牌有效延伸、价值链分拆、系统解决方案提供等转变。

七是注重质量管理和品牌培育。推广卓越绩效、精益生产等先进质量管理模式,开展优秀质量管理小组、质量信得过班组、质量管理小组活动优秀企业等创建工作,培育一批省级、国家级质量奖企业。突出抓好食品、药品质量安全,在食品行业全面推

(扫描件)

进诚信管理体系建设。制定实施"安徽工业精品三年行动计划",培育认定安徽精品 50 项。争取更多企业进入工信部"重点培育的服装家纺自主品牌企业"行列。

办复类别：B 类
联系单位：省经信委中小企业局
联系电话：0551-62876680

安徽省经济和信息化委员会
2015 年 5 月 26 日

抄送：省政府督查室，省政协提案委员会办公室。

（扫描件）

中国人民政治协商会议第十一届安徽省委员会
第四次会议第 0060 号提案

关于贯彻中央城市会议精神，推动安徽智慧城市建设的提案

□ 汪碧刚

（2016 年 01 月 15 日）

2015年12月20日至21日，中央城市工作会议时隔37年后召开，习近平总书记在会上发表重要讲话。会议从中央层面为城市建设搭建顶层设计，对城市规划、住房政策、人口规模、基础设施建设、公共事务管理等重大问题作了明确，为今后一段时期的城市工作指明了方向。会议指出"要提升管理水平，着力打造智慧城市"。

2015年8月本人以北京大学博士后的身份成为住房城乡建设部"智慧城市"专家组成员，9月8日参加了在威海召开的国家智慧城市案例调研座谈会，12月16日至17日参与并组织了在北京大学召开的2015国家智慧城市创建案例研讨会。

2016年是全面建成小康社会决胜阶段的开局之年，要以贯彻落实中央城市工作会议精神为契机，抓好省域空间规划编制、新型城镇化试点省建设和开展城镇"三治三增三提升"行动三项工作，全面提高城市工作水平，推动安徽智慧城市建设。

住房和城乡建设部于2012年底启动了以"智慧地推进我国新型城镇化"为目的的国家智慧城市试点创建工作。在全国前三批公布的277个试点城市中，我省占据15席，分别是淮南、铜陵、芜湖、滁州市、亳州市、

宿州市、蚌埠市禹会区、淮北、黄山、阜阳、合肥市高新技术产业开发区、宁国港口生态工业园区、霍山县、金寨县、定远县。全国2014年度试点城市(县、镇)共计97个,我省入选数量位居前列。安泰科技股份有限公司承建的建筑节能与能源管理项目还成为8个专项试点中建筑节能与能源管理领域全国唯一入选的专项试点。财政部公布的第二批政府和社会资本合作示范项目,安徽出版集团旗下子公司——合肥时代智慧高新投资管理有限公司承建的"合肥高新区智慧城市管理运营项目"从全国800多个项目中脱颖而出,成为"全国唯一一个智慧城市入选项目、安徽省入选的7个项目之一",标志着国家行业主管部门对智慧高新项目和安徽出版集团"文化+智慧城市"融合发展模式的充分肯定。

"智慧城市"建设既是我国政府面对城镇发展新问题的战略选择,也是我国广大基层干部群众的首创精神的体现。各地政府及产业界对智慧城市充满创新探索精神,大家都充分认识到"智慧的推进我国新型城镇化建设"是贯彻党中央、国务院关于创新驱动发展、推动新型城镇化、全面建成小康社会的重要举措;通过调整整合新的机制体制,综合运用物联网、大数据等新一代信息技术和网格化管理等现代科学技术,整合当地信息资源、统筹业务应用系统,开启城市规划、建设、管理和运行的新模式,以系统性、控制性、协同性的思路解决"城市病",优化城镇功能,提升城镇承载力,提高城市安全保障和公共服务水平。因此,"政、产、学、研、用、资"各方都高度重视并加大力度推进智慧城市建设,我省已经做了大量相关工作。

建议由省住房和城乡建设厅会同有关部门、高校、科研机构、相关企业,在充分发挥各自优势的基础上,贯彻中央城市工作会议精神，在我省智慧城市政策研究、技术创新、人才培养、科研成果转化、应用示范、产业推广以及相关重大专项等方面开展战略合作，推进我省智慧城市创新支撑体系建设，促进我省智慧城市健康有序发展。

共建安徽省智慧城市研究院，承担与智慧城市相关的理论研究、顶层设计、技术攻关、科研开发及成果转化、学术交流、人力资源开发等方面工作，构建"产、学、研"合一模式的智慧城市全方位支撑体系。

1. 开展智慧城市理论体系和发展战略研究，包括智慧城市相关的理念内涵、省内外建设经验、政策研究、发展趋势及方向、行业规划、顶层设计规划、评价指标体系等方面。

2. 开展智慧城市关键技术攻关、科研开发、标准规范研究和应用示范，重点针对智慧生态城市建设、城市承载力研究、基础设施智能提升、城市管理和服务现代化、社会治理现代化、智慧交通、智慧能源、绿色宜居小城镇、美丽乡村建设等方面。特别针对城市公共信息系统、城市仿真系统等方面开展专项攻关，为智慧城市功能提升，健康运行提供技术支撑保障。

3. 开展智慧城市建设运营模式和金融创新体系研究，结合各地实践及省外典型的智慧城市建设运营模式和投融资模式进行参考，逐步总结、提炼并形成模式进行推广。

4. 开展科研成果转化、产业培育和发展等方面工作，为推进智慧城市产业转型升级、提升城市发展动力打下坚实的基础。

5. 开展省内外学术交流，做好人力资源开发工作，通过短期培训、省内外联合办学、开设专业课程等方式，为智慧城市建设培养管理、技术、金融等多方面、复合型人才。

安徽省住房和城乡建设厅

建科函〔2016〕1206号

对安徽省政协十一届四次会议第0060号提案的答复

汪碧刚委员：

您提出的关于《贯彻中央城市会议精神推动安徽智慧城市建设》的提案，现答复如下：

党的十八届五中全会首次提出"创新、协调、绿色、开放、共享"五大发展理念，建设智慧城市是贯彻党中央、国务院关于创新驱动发展、推动新型城镇化、全面建成小康社会的重要举措。《国家新型城镇化规划》明确提出推进智慧城市建设，实现与城市经济社会发展深度融合。中央城市工作会议提出推进城市智慧管理，到2020年，建成一批特色鲜明的智慧城市。通过智慧城市建设和其他一系列城市规划建设管理措施，不断提高城市运行效率。2015年，安徽省人民政府办公厅出台《转发省住房城乡建设厅关于推进城乡建设绿色发展的意见》，明确提出大力实施城市智慧管理行动，推进智慧城市公共信息平台建设一体化、城市基础设施管理智能化、推进城市综合管理智慧化，提升城市治理和服务水平，促进我省智慧城市健康有序发展。我省主要开展了以下工作：

（扫描件）

未名墨语 一九四

1. 积极争创试点。住房城乡建设部自 2012 年启动国家智慧城市试点工作以来,我省已有芜湖、铜陵、金寨县、合肥高新区等 16 个市(县、区)以及 1 个专项试点顺利获批,我省入选数量位居前列。其中,安徽省安泰科技股份有限公司入选第三批国家智慧城市"建筑节能与能源管理"专项试点,是该领域全国唯一入选的专项试点。

2. 开展专项领域智慧应用。创建期间,各地充分结合实际,发挥物联网、云计算、大数据、空间地理信息集成等新一代信息技术,在绿色建筑、智慧管网、大型公建节能监管、清洁能源、数字城管、智慧社区、数字规划等领域积极探索实践,因地制宜地创建了"务实有效、各具特色"的建设模式。

3. 创建成效初步显现。如芜湖市创建"智慧社区",搭建了以社区信息为主体、覆盖城乡的社会服务管理公共信息平台。淮南市推进"智慧城管"建设,实现信息联动案件办理网络化和数字化。合肥高新区成立了"合肥智慧城市创新产业联盟",着力打造"产城融合"创新发展的核心竞争力。宁国港口生态工业园区着力打造绿色能源的智慧园区等。安徽省安泰科技股份有限公司作为在全国"建筑节能与能源管理"领域的唯一一个专项试点,积极开展公共建筑能耗监管云平台建设,目前已建成覆盖全省 16 个地市的能耗监测网络。2015 年 11 月,中欧智慧城市峰会在上海举行,会议期间发布了《中国智慧城市典型案例(2015)》,我省《芜湖市探索智慧社会服务管理新模式》、《智慧能源管理项目建设的新思路、新模式—安泰公司和合肥高新区创建智慧城市探

(扫描件)

家实践》两篇案例入选。

4.创新运营模式。拓展投融资渠道，财政部公布第二批政府和社会资本合作示范项目，"合肥高新区智慧城市管理运营项目"入围，该项目是财政部公布的项目中唯一采用PPP模式应用于智慧城市建设整体领域的创新和突破。安徽省"建筑节能与能源管理"专项试点，采取购买服务和数据租赁模式，积极探索智慧能源管理工作的新思路、新模式，共同推进安徽省建筑能耗监管体系建设工作，并取得了积极的成效。

下一步，我厅将按照国家、省政府关于智慧城市建设的相关政策要求，贯彻落实《省住房城乡建设厅关于推进城乡建设绿色发展的意见》，切实做好顶层设计、加强技术支撑、推进试点管理、推广有效模式，确保我省试点工作取得实效。

一是加强技术支撑。坚持"走出去、引进来"的原则，充分汲取借鉴省内外试点经验和做法，委托技术支撑单位，开展符合实际的"安徽省智慧城市建设指南"、"安徽省智慧城市技术导则"等相关课题研究，科学引导试点城市建设。筹建"安徽省住房城乡建设厅智慧城市建设专家委员会"，为安徽省智慧城市建设提供人才技术支持。

二是推广模式经验。按照"因地制宜、分类指导、循序渐进、点面结合"的原则，扎实有序推进试点创建工作，通过实地调研、交流研讨、中期评估等多种形式，积极总结、巩固和推广试点地区的有效经验和模式，不断扩大示范效应，逐步带动全省城市规划、建设、管理和运行水平的有效提升。

（扫描件）

三是强化试点管理。加强试点地区创建指导，配合住房城乡建设部、科技部开展好试点试点地区的实施情况中期评估工作，总结成绩、查找问题、改进措施。

四是开展交流研讨。组织开展技术交流研讨，召开智慧城市推进会暨技术研讨会，邀请国家有关专家举办专题培训，组织试点城市、有关高校、科研院所、主管部门的相关人员开展培训交流。充分发挥各种新闻媒体的作用，开展形象生动、贴近群众、贴近生活的宣传活动，为智慧城市建设试点项目的实施营造良好氛围。

感谢您对我省智慧城市建设事业的关心，您提出的建议符合我省实际情况，是一项很好的政策建议，对我们的工作具有重要指导作用。我厅及有关业务部门将在工作中认真研究落实，希望您今后对住房城乡建设工作继续给予支持。

办复类别：B类
联系单位：安徽省住房和城乡建设厅建筑节能与科技处
联系电话：0551-62871530

2016年6月24日

抄送：省政府督查室、省政协提案委员会办公室。

安徽省住房和城乡建设厅办公室　　　2016年6月24日印发

（扫描件）

中国人民政治协商会议第十一届安徽省委员会
第五次会议第 0428 号提案

关于持续推进全省城乡社区治理现代化的提案

□ 汪碧刚

（2017 年 01 月 12 日）

　　社区是社会的基本单元，社区治理是社会治理的重要基础，也是国家治理的重要基础。社区治理的效果和水平，事关社会和谐稳定和国家长治久安，事关全面深化改革总目标、推进国家治理体系和治理能力现代化的顺利实现。党的十八大提出了完善基层民主制度、加强基层社会管理和服务体系建设的战略部署；十八届三中全会首次将"推进国家治理体系和治理能力现代化"作为全面深化改革的总目标，从而开启了一个新的国家治理时代。

　　近年来，安徽的城乡社区治理工作取得实效。合肥的社区建设经验在全国推广，其社区治理创新的"包河试验田"成果丰硕。

　　全省城乡社区治理的总体情况是，社区建设协调议事机制建立健全，大力推进乡镇（街道）服务管理创新，通过网格化、信息化、扁平化改革进一步提升街道的能力建设和服务水平，创新社区治理；建立和完善社区准入各项制度；加强"三社联动"工作。近年来，全省各级民政部门大力培育社区服务性、公益性、互助性社会组织，促进社区社会组织健康有序发展。2015年12

月,省委办公厅、省政府办公厅印发了《关于加强城乡社区协商的实施意见》(皖办发〔2015〕53号);2016年1月,省委调整了省社区建设工作领导小组组成人员,并将城乡社区协商工作纳入领导小组议事协调范围。

(二)工作部署和社区覆盖率。截止到2016年10月,全省2741个城市社区中已有569个社区建立了社区工作协商委员会,占20.76%,有2457个社区已其他协商形式开展了协商活动,占89.64%;有10660个社区已其他协商形式开展了协商活动,占69.97%;全省城乡社区已建有协商网络征集平台2258个,其中社区公众号535个,居民QQ或微信群1723个。此外,我省在社区教育、社区信息化建设、社区法律服务、社区人力资源社会保障服务、社区文化服务、社区卫生计生服务、社区残疾人服务等诸多方面的工作也进行了积极探索,取得一定成绩。

加快建设创新协调绿色开放共享的美好安徽,离不开全省城乡社区治理现代化的持续推进。据此,提出三条建议:

1. 各级财政应加大对城乡社区建设的投入力度。《国务院关于推进中央与地方财政事权和支出责任划分改革的指导意见》(国发〔2016〕49号)中明确要求"要逐步将社会治安、市政交通、农村公路、城乡社区事务等受益范围地域性强、信息较为复杂且主要与当地居民密切相关的基本公共服务确定为地方的财政事权",鉴于我省城乡社区为民服务设施与发达地区相比仍显薄弱的现状,省级财政应进一步加大奖补力度,尽快明确市、县(市、区)对城乡社区事务的财政投入刚性指标机制。

2. 尽快完善政府购买社区专项服务的相关制度和实施力度。结合社区公共事务准入制度和"社区减负",进一步捋顺基层政府及派出机构与社区的权责关系,出台我省深化政府购买社区专项服务的改革文件,明确一般性社区事务的"政府购买优先"原则,将各地政府购买社区专项服务的实施情况纳入政府考评体系,变"社区减负"为购买服务。

3. 进一步深化城乡社区协商。深入开展"一核多元、融合共治"社区治理模式的生动实践，形成"党委领导、政府负责、公众参与、凝聚合力、多元共治、跨界联盟"的一核多元、融合共治的社区治理创新体系。加强制度建设，建立城乡社区协商清单；培育协商主体，加大教育培训力度，充分调动城乡居民参与积极性；强化协商成果运用，防止协商流于形式。尽快制定易懂可学能操作的工作规则和操作规程，推动将已经成熟和普遍适用的规则、程序上升为制度规范。做好各级城乡社区协商示范点建设，指导乡镇、街道和城乡社区抓好社区带头人的培训，推动各项任务落实落地。

安徽省民政厅

皖民案函〔2017〕93号

对安徽省政协十一届五次会议第0428号提案的答复

汪碧刚委员：

您提出的关于持续推进全省城乡社区治理现代化的提案收悉，现答复如下：

一、关于加大对城乡社区建设投入的建议

近年来，省财政积极发挥职能，不断完善政策，优化支出结构，支持城乡社区建设。**一是明确分级责任。**根据规定，城乡社区服务设施建设纳入当地经济社会发展总体规划，所需建设经费纳入本级政府基本建设投资规划；同时，将社区工作经费纳入本级财政预算，并统筹解决社区专职工作人员报酬所需经费。**二是加大投入力度。**近年来，省财政统筹一般公共预算和福彩公益金累计安排1.2亿元，支持各地完善城乡社区服务基础设施，拓展社区服务内容，提升社区服务水平。此外，省财政每年安排1400万元城乡社区建设以奖代补资金，支持各地推进社区规范化、标准化建设。目前，我省社区建设有了长足发展，社区基础设施建

（扫描件）

设日益完备，全省社区综合服务设施数量5877个。下一步，我们将结合贯彻中共中央、国务院《关于加强和完善城乡社区治理的意见》（中发〔2017〕13号）精神做好以下工作：加大财政保障力度，提高资金使用效率，设立社区治理专项资金，随着经济社会的发展建立正常的增长机制，不断拓宽城乡社区治理资金筹集渠道，鼓励通过慈善捐赠、设立社区基金会等方式，引导社会资金投向城乡社区治理领域。

二、关于完善政府购买社区专项服务的相关制度和实施力度的建议

近年来，我省先后出台了《关于政府向社会力量购买服务的实施意见》，《安徽省政府向社会力量购买服务指导目录》，将社区有关专项服务内容列入政府购买服务指导性目录。2014年，省民政厅、财政厅共同印发《关于开展政府购买养老等服务的通知》（民办字〔2014〕129号），进一步将社区服务纳入政府购买服务范畴，通过购买服务方式，对开展社区公共服务、市场化服务、志愿者服务等项目给予社区一定的补助，支持社区专项服务发展。此外，省级福彩公益金统筹安排近5000万元，通过政府购买服务方式支持和鼓励社会专业组织和力量，围绕城市流动人口、社区老年人、残疾人等群体需求，开展困难救助、心理辅导、社会福利等社区社会服务，不仅为社区引进了专业人才和力量，也有效缓解社区工作任务繁重问题。

三、关于进一步深化城乡社区协商的建议

社区协商是基层民主重要组成部分，是推进基层群众自治的

重要手段。2015年底,安徽省委办公厅、省政府办公厅印发了《关于加强城乡社区协商的实施意见》(皖办发〔2015〕53号),2016年4月,省民政厅下发了《关于进一步加强城乡社区协商工作的通知》(皖民基字〔2016〕67号),在全省铺开城乡社区协商工作。

一是确定协商主体。针对社区协商对象的性质、利益关系、复杂程度和影响范围,按照依法、属地、合理的原则确定了"7+X"(即固定或相对固定 + 利益相关方)的协商主体构成。其中"7"为村(社区)党组织代表、村(居)民委员会代表、村(居)务监督委员会代表、村(居)民代表、妇女代表、社会组织代表(辖区单位、物业公司、业委会、农民合作经济组织等)、"乡贤"代表(包括本村或社区的老党员、老干部"两代表一委员"、群团组织负责人等),"X"为其利益相关方,协商主体动态管理,充分调动社区居民参与社区事务的积极性,推动事务共商、难题共解。

二是界定协商范围。凡是涉及社区居民切身利益的公共事务、公益事业、公共服务、公共安全;居民反映强烈、迫切要求解决的实际困难、问题和矛盾纠纷;区、乡(街道)重点工作在社区的落实问题;居民、业委会与物业之间所涉及相关事务;各类协商主体提出的需要协商的事项等五大方面,从实际可行性出发为社区协商框定了范围。

三是推行协商机制。协商坚持"六事"工作原则。**百姓点事**,社区工作协商委员会广泛收集各方反映的意见建议,统一登记汇总,定期召开会议进行筛选、审定,**"两委"定事**,将协商主体及初步协商方案报社区"两委"审核,同意后正式确定为协商议题并公示，**居民议事**，召开协商议事会，要有三分之二以上协商委员会成员到场，各类主体充分发表意见建议，**开会决事**，进行平等协商、民主决策，所有协商必须经协商主体人员同意后，坚持依法依规、民主讨论、公开表决和少数服从多数原则，形成最终协商结果，**多元办事**，及时召开社区"两委"班子会议，对协商决议的落实工作进行专题研究，交由相关法定责任主体、社会组织等办理落实或组织实施，**公众评事**，协商委员会、社区监督委员会及利益相关方对协商事项进行跟踪督办、通报、公示，广泛接受社会群众监督。

开展了城乡社区协商示范创建活动，首批确定了包河区等6个示范区（市、县）、10个示范街道（乡、镇）、100个示范社区（村），为规范全省城乡社区协商程序和议事规程积累了有益经验。蚌埠市"蚌山模式"受到了民政部的高度肯定。2016年8月5日，《中国社区报》头版头条，以"商以求同 协以成事"为标题，报道了蚌山区社区协商的创新做法。目前，全省2835个城市社区中已有569个社区建立了社区工作协商委员会，全省15236个农村社区中已有1431个社区建立了社区工作协商委员会（村民理事会），有2457个城市社区和10660个农村社区开展了形式多样的协商活动。

社区协商，把准了群众利益的脉搏，使社区服务更符合居民需求，以协商解决社区问题赢得了居民的认同，居民在协商中激发了参与的热情，明显增强了社区居民自治的能力。下一步，继续推进试点突破、亮点示范、以点带面、整体推进的城乡社区协商工作思路,努力形成协商主体广泛、内容丰富、形式多样、程序科学、制度健全、成效显著的城乡社区协商局面。继续加大城乡社区协商工作创新力度,激发社区居民的公共意识和民主意识,凝聚力量,加快推进社区建设从"为民做主"到"由民做主"的巨大转变,全面提升社区治理自治水平。

专此答复,诚挚感谢您对省民政厅工作的关心和支持,欢迎今后对我们的工作多提宝贵意见和建议。

办复类别: B类

联系单位: 省民政厅基层政权和社区建设处

联系电话: 0551-65606052

安徽省民政厅
2017年7月31日

抄送:省政府督查室、省政协提案委员会办公室

(扫描件)

2018年10月10日,安徽大学党委书记李仁群(左)为笔者颁发安徽大学兼职教授聘书。

翰墨情缘 ● 个展回眸

"不忘初心 致敬青春——汪碧刚书法作品展"亮相合肥

2017年8月20日至26日,由北京世纪名人国际书画院、安徽省政协书画研究院、安徽省书法家协会共同主办的不忘初心、致敬青春——汪碧刚书法作品展,在合肥亚明艺术馆举行。中国书法家协会主席苏士澍为展览题词"入古出新,妙笔生花",给予高度评价。中国书法家协会顾问李铎题写展标,中国书法家协会分党组书记、驻会副主席陈洪武专门发来贺信,中国书法家协会顾问王家新、中国书法家协会副主席孙晓云题词祝贺。

开幕式上,全国政协原副秘书长、北京世纪名人国际书画院院长张道诚,安徽省政协副主席李修松,安徽省文联主席、省书法家协会常务副主席吴雪分别致辞祝贺。他们从不

2017年8月20日,笔者书法作品展开幕式上,领导和嘉宾共同按下启幕球,左起李修松、张学平、张道诚、朱先发、李宏塔、车敦安。

同视角积极评价了汪碧刚长期以来从事学术研究、书法创作和组织策划书画活动中所取得的成绩。仪式上展示了著名影视艺术家王铁成为展览题词"标拔志气，黼藻精灵"。展览作者汪碧刚致答谢辞，他说回到家乡举办个展，诚惶诚恐，如履薄冰，大家的溢美之词都是鼓励和鞭策，我会坚持不懈地努力、努力、再努力。中央电视台著名主持人长啸主持开幕式。

安徽省政协党组副书记、副主席张学平，安徽省人大常委会原副主任朱先发，安徽省政协原副主席李宏塔，中央军委空军政治部原副主任周卫平将军，安徽省委宣传部常务副部长车敦安，安徽省委统战部副部长孙丽芳，安徽省人大内务司法委员会副主任李维勇，安徽省政协教科文卫体委员会副主任杨玉华，安徽省政协港澳台侨和外事委员会副主任丁伯明，安徽省住房和城乡建设厅巡视员李建，安徽省书法家协会艺术顾问王佛生，安徽省美术家协会名誉主席张松，合肥市委常委、宣传部部长钟俊杰，北京大学科技开发部副部长李士杰，历届中国书法家协会理事、北京世纪名人国际书画院副院长朱守道、赵立凡、张铜彦，福建省建宁县委书记郑剑波以及来自全国各地的书法爱好者300余人参加开幕式。

该展览共展出汪碧刚书法近作86幅，步入4个错落的展厅，"大美安徽""徽风皖韵"等巨幅榜书作品映入眼帘，雄浑厚重、气势开张，其家乡情怀跃然纸上。他的书法实践，始终贯穿着"方向、逻辑、方法"的哲学思维，观其书法，不难领略到那拙朴率真、含蓄内敛、自然大方、雅俗共赏的审美旨趣。展览全面呈现了皖籍知名学者、书法名家汪碧刚的阶段性创作成果以及他的书学思想理念，表达了他真诚向书法界求教，向家乡人民汇报，传递青春正能量的决心和信心。由中国书法出版社出版的《汪碧刚书法作品集》在展览开幕式上首发。

8月21日，安徽省书法家协会副主席陈建国主持了在亚明艺术馆举行的汪碧刚书法交流会。合肥市政协原主席、安徽省书法家协会副主席董昭礼，安徽省书法家协会艺术顾问王佛生，安徽省文联文艺理论研究室主任史培刚，安徽省美术家协会副主席陆小和，北京世纪名人国际书画院的领导和专家张道诚、朱守道、赵立凡、李昌文、彭一超、薛居波、刘国芳等与汪碧刚参加了交流。

展览期间，安徽省委常委、政法委书记姚玉舟，安徽省委常委、合肥市委书记宋国权，安徽省政府副省长方春明，安徽省政协副主席夏涛，安徽省政府原副省长、安徽省书法家协会名誉主席田唯谦等专程参观展览并与汪碧刚进行了亲切交流。一周时间的展期内，社会各界人士数千人参观展览，还有宁夏、陕西的书法爱好者不远千里专程前来观展，8月21日《安徽日报》，8月22日安徽卫视《安徽新闻联播》以"汪碧刚书法作品展在肥启幕"为题予以报道；《人民日报》《人民政协报》《中国艺术报》《中国书画报》《江淮时报》凤凰网、卓克艺术网等多家媒体报道本次展览盛况，人民网、网易、新浪网、新安网等媒体予以转载。安徽省美术家协会副主席、合肥亚明艺术馆馆长陆小和对此十分感慨"本次展览盛况空前，好评如潮"。

汪碧刚师从书法大家李铎，1975年4月生，安徽枞阳县人，博士、研究员，北京大学博士后，现任北京世纪名人国际书画院副院长兼秘书长、北京大学城市治理研究院副院长兼秘书长，2008年加入中国书法家协会，中国书法家协会第六届青少年工作委员会委员，中国书法家协会第六次全国代表大会代表，安徽省文学艺术界联合会第六次代表大会代表。第十一届全国青联委员,第十一届安徽省政协委员、安徽省政协港澳台侨和外事委员会委员,第十三届青岛市政协委员、青岛市政协教科文卫体委员会委员,安徽省政协书画研究院成员,安徽省书法家协会理事。

(原载2017年第18期《中华英才》)

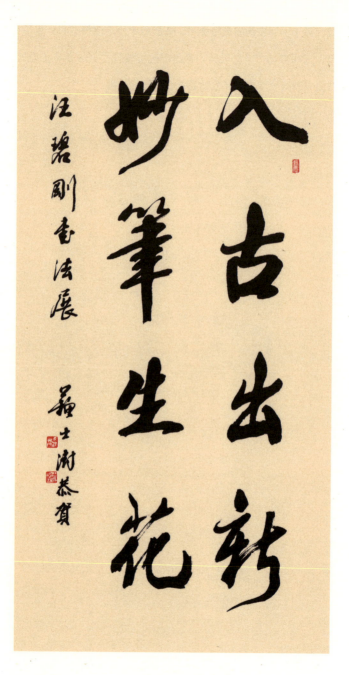

中国书法家协会主席苏士澍为汪碧刚书法展题词。

标拔志气
蕴藻精灵

贺汪碧刚书法作品展开幕
好友王铁成恭祝

著名影视表演艺术家王铁成题词祝贺。

贺　　信

　　"不忘初心 致敬青春—汪碧刚书法作品展"将于 8 月 20 日至 26 日亮相合肥，中国书法家协会主席苏士澍先生为展览题词"入古出新，妙笔生花"，给予高度评价。借此机会，我谨代表中国书法家协会对展览成功举办表示热烈祝贺！

　　汪碧刚博士是著名学者、书法名家，近年来，其在学术研究和书法创作上成绩突出，可喜可贺。作为北京大学博士后，汪碧刚博士刻苦勤勉，成果丰硕，出版专著 5 部，主编参编书籍 35 部，在国家级核心期刊发表论文 30 余篇，迄今共发表文章 300 余万字。他的书法创作多得其深厚文史功底之助。近年来还得到书法大家李铎真传，尤擅行书，烂漫而多古趣，功深百炼，文采焕然。此次展出的多件巨幅榜书作品，令人印象深刻，如"大美安徽"、"徽风皖韵"，雄浑厚重、神采飞扬，其家乡情怀跃然纸上。他的书法实践，始终贯穿着其"方向、逻辑、方法"的哲学思维，观其书法，不难领略到那拙朴率真、含蓄内敛、自然大方、雅俗共赏的审美旨趣。他主张书法创作，既要彰显个性，又要继承出新，努力拓展着书法的文化深度与艺术广度。

　　汪碧刚博士回到家乡办展，并以"不忘初心、致敬青春"为主题，向家乡人民汇报，真诚向书法界求教，传递青春正能量，很有意义。

　　最后，预祝展览圆满成功！祝碧刚先生的书艺精进！

陈洪武
2017 年 8 月 14 日

中国书法家协会分党组书记、驻会副主席陈洪武致信祝贺。

《贺碧刚书展》

□ 赵立凡

群贤毕至入悟园，
高朋满座皆大家。
琳琅满目放眼来，
佳作盈壁众人夸。
入古出新不虚传，
妙笔精彩堪生花。
不忘初心报乡里，
致敬青春玉墨华。

著名书法家、诗人赵立凡贺诗一首。

"不忘初心、致敬青春——汪碧刚书法作品展"开幕式及其艺术交流活动掠影

在"不忘初心 致敬青春——汪碧刚书法作品展"开幕式上的致辞

□ 张道诚

（全国政协原副秘书长、北京世纪名人国际书画院院长）

尊敬的各位领导、各位来宾，书画界和新闻界的朋友们，女士们、先生们：

今天的合肥亚明艺术馆格外怡人，这里高朋满座，少长咸集。由北京世纪名人国际书画院、安徽省政协书画研究院、安徽省书法家协会共同主办的"不忘初心 致敬青春——汪碧刚书法作品展"在美丽的包河之畔拉开帷幕，在此我谨代表北京世纪名人国际书画院向出席今天开幕式的领导和嘉宾、观众朋友们，表示热烈的欢迎和衷心的感谢！

张道诚院长致辞

我和碧刚是多年的同事与好友，我长期在共青团中央、全国政协工作，22年前我们在全国政协共事，碧刚现任安徽省政协委员、青岛市政协委员，他还长期担任全国青联委员，这对我们来说是一种缘分，更是一种情分。12年前我们又一道创办了北京世纪名人国际书画院，我是院长，他是副院长兼秘书长，在全院同仁的共

同努力下，经过他的具体运作，北京世纪名人国际书画院创立了"名人名家书画"自主品牌，赢得了社会广泛认同和书画界普遍赞誉。他是一位称职的秘书长，许多难办的事情，在他的面前都会迎刃而解。他还兼任《名人名家书画报》的执行总编，事务繁忙，协调工作繁多，他却游刃有余。他把大部分精力用在北京世纪名人国际书画院的工作上。为了既定的目标，我们乐此不疲。

碧刚是伴随着改革开放成长起来的年轻一代，难能可贵地是他寄情笔墨，有情怀有担当，以此表达他追寻时代生活的热情。思考于其中，洞悉时事，表情达意。他才思敏捷，又有着较为深厚的文学功底，书品人品兼修。

本次展览主题鲜明，风格多样，格调高雅。从汪碧刚饱含真情的笔墨语言中，我们能够深切感受到他的家国情怀，他对家乡的深情厚谊，他以"不忘初心、致敬青春"为展览主题，唱响"主旋律"，传递"正能量"。碧刚悟性很高，书法进步很快。悟则生灵，勤能补拙。他是当代书法大家李铎先生的得意弟子，师生感情深厚，我曾多次目睹李铎先生手把手教他书法，其得到先生真传。他的极高悟性，从他这次的展出书作中可见一斑。其书法自然大方，雅俗共赏，境界深远，富有品位，蕴涵情趣，写出了书法的内在精神。他的书法反映了其价值观念和人生追求、道德修养。2015年4月他进入北京大学做博士后，研究方向是社会学、公共管理，随后担任北京大学城市治理研究院的副院长和秘书长，他刻苦勤勉，潜心学术研究，到北大工作不到3年，他出版了4部专著，发表了30余篇论文，有些科研成果站在了国内前沿。其学术研究与书法创作相得益彰，成就斐然。

感谢北京华清集团、合肥安美集团、合肥亚明艺术馆对本次展览的大力协助，感谢社会各界的热情关注！

最后，预祝"不忘初心　致敬青春——汪碧刚书法作品展"圆满成功！祝愿碧刚书艺精进，祝愿各位万事顺遂，谢谢大家！

在"不忘初心 致敬青春——汪碧刚书法作品展"开幕式上的致辞

□ 李修松

（安徽省政协副主席）

尊敬的各位领导、各位来宾，书画界和新闻界的朋友们，女士们、先生们：

大家上午好！今天，我们雅聚合肥亚明艺术馆，共同见证"不忘初心 致敬青春——汪碧刚书法作品展"的精彩呈现，著名社会学者、当代书法名家汪碧刚博士回到家乡举办书法展，这是安徽文艺界、书法界的一件盛事。在此，

李修松副主席致辞

我谨代表安徽省政协，对展览的成功举办表示热烈的祝贺！

安徽历史悠久、物华天宝、人杰地灵，人才辈出。汪碧刚委员就是从江淮大地走出去的优秀代表，他瀚海弄潮，勤奋治学，潜心学术研究，成就突出，成为全国知名的学者型书法家。中国书法家协会主席苏士澍专门为汪碧刚书法作品展题词"入古出新，妙笔生花"，给予高度评价。

我和碧刚是十多年的好友，他1975年4月生于安徽枞阳，是北京大学博士后，现任安徽省政协委员、省政协港澳台侨和外事委员会委员、省政协书画研究院成员。他治学勤勉，学术成果丰硕，出版专著5部，主编参编书籍35部，在国家级核心期刊发表论文30余篇，迄今共发表文章300余万字。近年来，碧刚从事书法艺术的创作和研究不断进步，成果较为丰富，这既得力于书法大家李铎先生的精心培养和指导，也体现了他在艺术道路上勤奋执着。他选择了最能传情达意并直抒胸襟的行书作为自己的主

攻方向，广泛涉猎，深入临习，悬锥刺股，从善如流。通过一次次的学习研讨，厚积薄发、神与古会，体现了一位书法家对社会有责任、有担当的文化自觉，令人刮目相看！

碧刚热爱家乡，报效桑梓，为安徽的文化事业尤其是书法事业的发展作出了积极贡献。他担任安徽省政协委员5年来，积极参政议政，为家乡发展献计出力，他在今年的省政协十一届五次会议上的《关于持续推进全省城乡社区治理现代化的提案》成为全省重点提案。碧刚同志此次回到家乡举办展览，向家乡人民汇报创作成果，寄情笔墨，旨在传播安徽文化，讲好安徽故事，展现安徽风采。碧刚始终把创作作为首要任务、把作品作为立身之本，坚持以人民为中心的创作导向，为人民抒写、为人民抒情、为人民抒怀，弘扬中国精神，凝聚中国力量，墨舞初心、致敬青春。其精神可嘉！

人民政协是推动文化建设的重要力量，以书画会友、翰墨传情为特色的人民政协书画工作，是政协团结统战功能的重要组成部分。安徽省政协在省委坚强领导下，把紧紧围绕建设五大发展美好安徽建言献策作为工作主线，坚持团结民主、务实鼓劲，广泛联系各界人士、积极搭建履职交流平台，倡导文艺新风，为推动书画艺术的发展与创新营造了良好环境。

秋天是收获的季节，也是孕育希望的季节，希望碧刚以本次展览为契机，不忘初心，继续前行，百尺竿头更进一步！最后，祝"不忘初心 致敬青春——汪碧刚书法作品展"圆满成功，祝各位领导、各位嘉宾，身体健康、事业顺达，谢谢大家！

在"不忘初心 致敬青春——汪碧刚书法作品展"开幕式上的致辞

□ 吴 雪

（安徽省文联主席）

尊敬的各位领导、各位来宾，书画界和新闻界的朋友们，女士们、先生们：

碧刚师从李铎先生，取法乎上，溯古求源，承"二王"中和之象，得米南宫痛快之势，碑帖兼融，中侧互用，化古为今，推陈出新。他坚持笔墨当随时代，用传统笔法书写时代精神。他的文集《笔墨青春》记录了他的艺术实践和文化思考，也孕育了他铿锵而平和的书法风格。

吴雪主席致辞

碧刚热爱家乡，报效桑梓，为安徽的文学艺术事业尤其是书法事业的发展作出了积极贡献。他还致力于城市治理现代化的研究，学术成果丰富，热心社会公益事业。这些社会实践无疑会为他的书法艺术注入新的元素和活力。

我相信，此次合肥展览之后，碧刚的书法艺术一定会迈上新的境界！

2017年8月22日,中共安徽省委常委、政法委书记姚玉舟(左)参观汪碧刚书法作品展。

2017年8月24日,中共安徽省委常委、合肥市委书记宋国权(右)专程参观展览,并与汪碧刚亲切交流,给予肯定和鼓励。

开幕式上的热情观众。

2017年8月21日,汪碧刚书法交流会在亚明艺术馆举行。

2017年8月24日,安徽省人民政府副省长方春明(左)参观汪碧刚书法作品展。

2017年8月22日,安徽省政协副主席夏涛(右)参观汪碧刚书法作品展。

中央电视台著名主持人长啸主持开幕式。

参加开幕式的领导和嘉宾在汪碧刚巨幅榜书"徽风皖韵"前合影留念。

汪碧刚在展厅向观众介绍书法创作过程和体会。

"不忘初心 致敬青春——汪碧刚书法作品展"书法交流会专家发言摘登

时间：2017年8月21日　　地点：合肥亚明艺术馆

主持：陈建国（安徽省文物局原局长，安徽省书法家协会副主席）

受省文联吴雪主席之托，因为他有重要的任务要出差，给我打电话，所以我来顶替他主持今天的活动。碧刚同志通过他的努力，对安徽的文化事业作出了巨大的贡献，这次来家乡办展，也是对文化艺术事业是一个很重要的支持，这对于推动安徽省的书画创作，提升安徽在全国的书法、美术等几个方面，都发挥了重要的作用。

碧刚同志应该讲我们不是第一次会面，出差北京的时候，我们就结识了，留下了美好的印象。他是枞阳人，1975年出生，这么年纪轻轻，而且工作这么繁忙，在大量纷繁的工作当中，又是做学问，又是搞研究，能够孜孜以求的在书法艺术方面一直探索，创作出了这么多幅书法作品。而且跟着著名书法大家李铎学习，这个精神和艺术追求是非常可贵的。

枞阳这个地方一向是出名人、出大家。桐城派的几个代表人物，基本上都是来自于枞阳县，新中国成立后的第一任文化部部长黄镇就是枞阳人。

今天上午出席碧刚书法交流会的代表，虽然人不是很多，但含金量都很高，具有一定的代表性。

今天上午时间非常宝贵，希望每位老师都能发表看法。

田唯谦（安徽省政府原副省长、安徽省书法家协会名誉主席）

寓居北京的安徽人汪碧刚先生，回合肥举办书展，我有幸观摩。作为一位现代书家，汪碧刚先生能在传统的书法创作中把握时代精神、紧扣当代主题，十分难得。书法作为中国传统艺术的核心，想从字里行间透出时代气息、与当代精神贯通是很难的，但汪先生做到了，特别是他所创作的作品，体现了他紧扣现代脉搏，凸显时代精神的思想核心。

汪碧刚多年追随李铎先生，朝夕侍右，接受高格调的传统艺术熏陶，条件得天独厚，在书学上起点高，再加上他自身悟性高、勤奋自励，成就了他今天的艺术风格和书法理论的造诣。

细观汪碧刚先生的作品，能在平淡中见奇趣，于奇绝中现神韵，出新意于法度之中，富妙理于想象之外，品之不做作，不浮华，自然天真，生动可爱，尤显魏晋风流，深得碑帖神韵。特别是在处理结字与章法的关系上，疏离密合、长短欹侧，拿捏得宜，方圆曲直、挪让盘错，潇洒自然。

对于汪碧刚先生来说，此刻的成就只是他成功的起点。因他身上所具备的独特特质，未来充满了无限的可能。我们只有满怀希望，期待着一颗新星冉冉升起。

董昭礼（合肥市政协原主席，安徽省书法家协会副主席）

首先，祝贺碧刚"不忘初心 致敬青春"书展成功在家乡举办。亚明艺术馆经常举办大型的书法展、美术展，大家名家很多。我曾主持办过"合肥之友北京书画院回乡汇报展"。从北京回到家乡展，汪碧刚这个展是第二次。刚才我来得比较早，看了碧刚的作品。汪碧刚我们认识的比较早，也一起在学习，应该说他学得很刻苦，这几年进步非常大。字怕上墙，能够将作品写得这么大，能够办展，能够拿得出来，那确实是要勇气、有胆量还要有一定水准，不然不敢拿出来。这几年应该说汪碧刚在书法上是下了功夫的，进步也是非常明显。不敢说他的书法达到了炉火纯青的程度，但是确实进步很大，这个表示祝贺。

第二，是向汪碧刚同志表示感谢。汪碧刚同志虽然比较年轻，出道比较早，在北京比较忙，但是对家乡的事情非常关心，家乡的同志只要找到他，他都不遗余力提供帮助，特别是我们安徽的书画活动，进京去展览，邀请名人，他从来不推辞。因为他在北京认识的名人也比较多，特别是像著名书法大家李铎，还有一些领导，都比较熟悉。我们安徽的书画在进京办展，"皖军书画华夏行"，几次我都参加，他都跑前跑后，在那里张罗，这一点给我留下印象很深，同时呢还很热情，我几次到北京都会聚聚。汪碧刚同志对家乡的感情，对家乡事业的支持，他都做得很好。

第三，要向汪碧刚同志学习，学习他这种勤奋刻苦的精神。我知道汪碧刚同志出去比较早，书法的基础不是科班出身，是后来业余学习的。但是他这么多年，孜孜不倦，刻苦钻研，能够登堂入室，特别是跟大家名家学习，这种坚持的精神，这非常值得我们学习。我也发现很多同志对书法和绘画也很感兴趣，表示要学习，结果呢，三分钟热度，坚持了一段时间以后就放下了。这个事情要热爱，更重要的还要能够持久的坚持，坚持多年才能有一点点成果。像汪碧刚原来的基础，他如果不是刻苦，不是长期的坚持，不可能有今天这样的成就。所以作为我们搞书画的人，尽管他很年轻，但是很多东西值得我们学习。

最后，我希望我们汪碧刚同志，在书法的道路上能够再接再厉，百尺竿头，更进一步。因为他在北京认识那么多大家名家，条件应该很好，只要自身努力，不放弃、不自满、不骄傲，那以后一定会取得更好的成绩。

史培刚（安徽省文联文艺理论部主任，安徽省书法家协会副秘书长）

今天早上来了以后呢，先看了一下展览作品，感觉有三个体会。

第一，汪碧刚的书法很有文气。从技法表达来说，他的字浓笔比较多，粗笔比较少；线条圆笔比较多，方笔比较少。整个篇幅的气息呢，有不激不厉，丰润自然的感觉，所以我觉得有文气。

第二，就是感觉很有豪气。我看了大幅作品，气势不凡，而且在学习李铎先生的字上，在取势、造势以及性情的表达上，能反映出他有豪气在里面，有落笔惊风雨的感觉，有这样一种气势。

第三，他有很好的才气。主要体现在他把他书法之外的东西，很好地结合在他的书法创作中。他在学习李铎先生的时候，是在借鉴，他善学善化，能把碑文写得比较温润，有一种化碑为帖的才华，这些都是他的优势。这可能得益于他综合的学养做支撑，智慧在书法的体现。

那么对于汪碧刚来说，因为我们搞书法的，说心里话，我建议他的书法之路，下面还要增加三个点：

第一个就是要有宽度，就是在取法的点上，宽度要增加，不仅要有帖学的，还要有碑学的。不仅要学李铎先生，还可以再学一下其他的。书学有三个阶段，一般初学是专一，次段是广大，三段是脱化。我觉得如果在广大这一块再加以强化，那么将来的书法更加不可限量；

第二点就是我觉得要增加厚度，对书法的线条来说，还要锤炼，笔法稍显不够统一，在书法运笔的节点和力度上，有时候显得不是太到位，我觉得需要再厚一点，不妨从篆书上做一点借鉴，在隶书上下一点功夫，这样线条的厚度，就能大大提升；

第三点我建议，加一些高度。如何树立更高的艺术影响，让书法在既能传承中国传统文化的同时，又能有独特的个性风格，既有传统，又有时代，既有他人，又有自我，在这样的高度上，来树立我们的书体，我想汪碧刚有这样一个才华，有这样的基础，我相信他一定能创作出更好更有高度的一些作品。

朱守道（中国书法家协会第四、五、六届理事，中央国家机关书协副主席，北京世纪名人国际书画院副院长）

参加碧刚书法作品展开幕式，感受很多。尽管平时与碧刚有较多接触，熟悉他在书法创作时的状态和表现方法，但走进展厅后，看到他的书法原作，感到震撼：展览整体规模不小，九十多件作品，分四个展厅；种类多样，有一丈六的大作品，也有用A4纸型写成的小品；内容丰富多彩，有古代和当代的诗词歌赋、用典、校训等；在情感的表达上，有骏马秋风塞上，也有小桥流水人家；总体布局也十分可观。映入眼帘的几幅巨幅作品，写得气宇轩昂，耐人寻味。

碧刚学习书法仅仅12个年头，对一名从事书法艺术的人来说，这只是短短的一段时光。12年来，我们都看到碧刚一步一个脚印，学习非常刻苦，三更灯火五更鸡，倾注了自己对于艺术的无比热爱和全部心血，稳稳当当地向前迈进，不断地在艺术上取得进步，真是后生可畏。举办这样一个个人书法展览，说明了碧刚在书法艺术的传承和创新中，有足够的自信和从容，可喜可贺！

这次展览，我觉得有这样几个特点：

一、尊重传统，入古为新，不求狂怪，路子很正。碧刚是一位书法艺术的善学者,12年来在中华文化深邃的积淀中寻找古朴、苍茫和厚重感,研究千百年来我们的先人在书法领域形成的艺术规律,从中汲取营养,从善如流,充实和补益自己。用艺术眼光审视书法艺术的历史长河,通过对历朝历代经典作品的研究,寻找与古人对话的机会,在漫漫学书路上,不断提高自身的美学品格。

二、关注当下,笔墨追随时代,积极借鉴当代艺术的研究成果,含英咀华,融会贯通,关注当代书家的创作生活,尤其是书法大家李铎先生在结字、笔法、墨法、章法中新的体验,在书法创作中融合更多元素。如在对线条质感的锤炼,对朴茂苍劲书风的追求,以及用笔的丰富性,给人以不一样的感受。

三、人生经历的丰富多彩对书法艺术的促进和提高起到了重要的作用。过去常说,行万里路,读万卷书,落笔自然不俗。碧刚关注社会,关心民生,积极参与社会活动,体现了对社会有责任有担当的文化自觉。碧刚具有在行政机关工作的经验,也有在高等学校从事管理工作的历练,还有11年在名人书画院副院长兼秘书长的岗位上的操持,在书法艺术面向社会的普及和提高方面做得风生水起,颇受褒奖,这些经历对于一位书法艺术的探索者的成长来说,都具有不可低估的补益和推进作用,是人生的一笔重要的财富。

碧刚情系桑梓,不忘初心,选择了在家乡进行书法艺术首展,向父老乡亲汇报12年来从事书法学习的成绩和体会,这是对过往艺术与人生的一次展示和总结,意义不同凡响,碧刚对家乡和人民的深厚情感,值得称赞!

习近平总书记在文艺工作座谈会上的讲话中,强调了坚持文化自信,艺术家要有崇高的艺术追求,作品是立身之本,创作是中心任务,要多出有筋骨、有道德、有温度的精品力作,把最好的精神食粮奉献给人民。

这是我们的精神引领！期待碧刚在更高的起点上展示其远大抱负，在发展繁荣中华文化中体现自身的价值所在！

赵立凡（中国书法家协会第四届理事，中央电视台原副总编辑，央视书画院院长，北京世纪名人国际书画院副院长）

刚才我听了三位老师发言，很受启发。到安徽来参加碧刚书法展，可以说也是一次学习的机会。一是向碧刚学习，二是向安徽的艺术家们学习。到了安徽来，才感觉到了自己文化的不足，安徽出了这么多大家、名人，使我们仰视。到这儿来要学习的东西很多，"大美安徽，多彩合肥"，合肥确实是物华天宝，人杰地灵的地方，到了这里就觉得更要好好学习。

我们大家都喜欢中国书法，有的朋友在书法艺术中苦苦奋斗了几年或几十年，在书法艺术中取得了很大的成就，但是也感觉到了写字确实是不容易。碧刚作品今天挂满了六个展厅，既展示了他的成绩，也展示了他默默奋斗的历程。我与他认识十几年了，这次的作品往墙上一挂，就看出水平了。字上墙以后才感觉到了高低。所以说他现在的东西，和十年前的东西，完全不一样。这样的进步除了李铎老先生的教导，更离不开他自己的刻苦。我们上学的时候常说"师傅领进门，修行在个人"，再好的老师，自己不努力，永远也学不好。我上学的时候，是从私塾开始的，老师教我们写字，是一个学习文化的起步，是一个人逐步成长的阶段，是一个人进步的表示，也是一个人认识世界的台阶。那时候老师教导我们说写好字，就是脸面，没有说要成为什么书法家，只要将字写好，将来到社会上有饭吃，所以我们是从那个社会阶段走过来的，挨过打手心、罚晒太阳、站过墙角，老师是苦口婆心，希望我们学习好，有出息。我是从四五岁开始写字学习书法，应该说是70多年没有间断过，但是回头看看自己写了这么多年，还是没有写得好。所以我佩服碧刚，他在书法学习中有这么大的进步，确实是令人敬佩。

碧刚能达到这个水平，是自己的刻苦和努力，这是一个方面。另外我有一个感受，碧刚就是虚心求教，认认真真的向李铎先生学习，在李铎先生教育的基础上，又结合学习其他各家风格，有自己的创新，不拘泥于李先生的书风，正如先贤们说的"努力的闯进去，又勇敢地打出来"。也是刚才史老师讲的，碑融于帖。综合碑帖各家的典范，再练几家名人的书体书风，逐步形成自己的风格。

过去老人说写字只是一个工具。历史上的书法家，并不把书法作为一个单独的艺术体来看，而是作为一种个人的感情和心境的流露，是自己综合文化知识和社会阅历的表现，只有诗词歌赋和生活阅历的综合表现突出，能被世人承认和称道，被社会的认可，才能称为一个家。我与欧阳中石先生请教的时候，他谈道："我无家可归"，社会上都说我是书法家，但我是一个学习逻辑数学的，学习哲学，当过老师，学习过京剧，研究过古典文学，现在当大学的教授带博士生，其实我就是一个文化人，一个文化的学者，不是书法家。说这些的意思是，要对书法和个人的定位有一个正确的认识。跟这些老一代的人虚心学习、去感受。书法要从基础开始学起，要踏踏实实的、认真地来研究。我感觉碧刚这次办展，一个是向家乡父老作汇报，一个也是通过这次展览，能够听取大家的意见，从中吸取教益，通过实践认识，再认识再实践的过程，总结提高，将来会取得广大的进步。书法要想写好不容易，要成为一个家更不容易。对当前的文化和社会现象，要有一个正确的认识。习总书记主席指示我们要有文化自信，这是一个很高的目标，需要我们去共同努力。但是现在社会上有些人自信得有些高，把自己过于高估，这值得我们注意和警惕，我们要谦虚才能使人进步。先认识中国书法的地位，再认识自己在整个书法历史当中的位置，才能知道自己的前进的方向。

碧刚这次展览的书法作品，种类很多。除了在展览的内容上很丰富，又在书写形式上费了很大的功夫，展览的布局也是煞费苦心，整体和谐大方，应当感谢安徽同志的大力支持和帮助。这次展出九十九件作品，就像九十九个台阶，碧刚需要百尺竿头更进一步，才能圆满。于我而言，看到碧刚的进步，我应该向他学习这种刻苦耐劳，坚忍不拔的精神。中国书协苏士澍主席为碧刚题写了"入古出新，妙笔生花"，这八个字是对碧刚学习书法的总结，既是对他的鼓励，也是提出的要求。还有，陈洪武书记贺信中的提到碧刚"尤擅行书，烂漫而多古趣，功深百炼，文采焕然。"这同样也是鼓励与高度认可，希望碧刚在今后的艺术道路上越走越远，创作出更多更好的作品。

张铜彦（中国书法家协会第五、六届理事，中国金融书法家协会第一、二届主席，北京世纪名人国际书画院副院长）

非常高兴来到合肥出席"汪碧刚书法作品展"开幕式，首先对碧刚先生的诚邀表示感谢！这次来合肥的主要目的：一是向碧刚先生书法作品展的成功举办表示衷心祝贺，二是向碧刚先生学习，现场欣赏他近期创作的书法作品。

碧刚是从安徽走出去的名人名家，他不忘初心，情系合肥，感恩家乡。此展不仅是他向家乡人民的一次展示和汇报，而且是对中华传统文化的弘扬，作品既彰显出积极向上的正能量，又散发出浓厚的"徽风皖韵"独特味道，使人受到鼓舞，赏心悦目。

碧刚年轻有为，善于学习，知识渊博，才思敏捷。他办事干练，想干事、会干事，具有很强的组织协调能力。碧刚学书时间不是很长，但进步很大，他既有较好的书法笔墨功夫，又有丰富的书外综合素养。近年来他致力于城市治理现代化的研究，并于近期主编出版了专著，可喜可贺。

碧刚担任北京世纪名人国际书画院副院长兼秘书长以来，在张道诚院长领导下，搞笔会，办展览，出集子，办报纸，组织慰问、采风，书画院搞得有声有色，影响很大，成为在京书画院的一面旗帜。

碧刚师从书法大家李铎，并得到多位大家名家指点。他学书勤奋刻苦，善于思考，从李铎大家的书风中汲取了丰富的营养，并以此追根求源，广涉博取，终于写出了既有李铎先生书法的影子，又有自己面貌，刚劲飘逸，自然流畅，雅俗共赏的书法作品。特别是他的用笔、结字和大字作品，得到了李老的真传。

碧刚不仅苦练书法内功，还善于舞文弄墨写文章，近年来有百万字文章见诸报刊，出版过个人文集和专著，还主编出版了多部书画集。

希望碧刚先生以此次展览为契机，认真听取各方意见，继续深入传统经典，在做好本职工作的同时，勇攀书法艺术高峰，努力创作出更多雅俗共赏，具有时代精神的书法作品。

王佛生（中国美术家协会理事，安徽省民政厅原巡视员，安徽省书法家协会艺术顾问，著名的书画家，书画艺术理论家）

这次碧刚的展出，让我吃了一惊。他跟我讲过跟李铎先生在学习，但是一直没见过他的作品。这次看到他的展出，除了展出的形式，关键还是书法写得好，内容好，让我们为之一惊，我很认真地看了书法集，看了又看。

　　碧刚这次的展览给人总体感觉，第一个就是势。他的书法取势取的真。我们说这个书法，写得好不好，就看你有没有势。凡是书法写得好的，都在取势上花了大工夫。他的作品主要还是以行楷为主，取势取得很好，这也是看到了一个在书法里面进军的一个人的价值观，一开始就抓住了核心。第二个就是文气。这个在他的书法上表现得不明显，但在内容上表现得非常明显，他打破了古人只写诗词，写自己的感受，甚至是一些顺口溜，但碧刚不一样，他把儒家的经典的句子，一个一个的写出来，他本身就是个学者，是博士后，他把这个东西写出来，不是一个小文人，是一种忧国忧民大文人的情怀，所以他还是取一个势，因为情怀也是势，这是他的书法的一个特点。第三个，是形式感。前面我们的老书协理事也在讲，他对当代书风的表现形式，也有很好的汲取，这次展出的过程中间，他的形式感，有榜书，也有信札小品，很有意思，所以将书法的表现形式多元化出来。所以这三个表现形式，他所表现内容的文气，他所表现的气势，让我们感觉到了希望。并不是说他的书法达到一个多高的水平，而是这种趋势，让我们看到了希望。

　　应该来讲，未来的书法要走到高峰的话，应该是几种形式的融合，而碧刚的这种端倪，已经展现出来了。所以我为碧刚骄傲，他是我们安徽的骄傲，他在书法走的过程中间，由于工作性质所决定，也没有办法像专研书法的人，整日进行研究。所以他走了一条先取势，把大框架建立起来，把里面的内容丰富的这一条路。走这样一条道路，在中国的书法史上是比比皆是，特别是近代的、当代的书法史上，显然这给我们是一种启发，因为他有一定的学养，有一定的见识，所以可以先从轮廓走起，就像我们盖房子一样，我们先将框架做好，然后再将里面装潢，这也是一种比较善学的方式。

当代书坛上，有一个致命的毛病，就是书法表现出来不高古，随着时代的推进，都是有可能被淘汰的。所以我们在搞书法的时候，一定要乎其上，往上走。当年郭沫若的字，大家都公认为很好，但康生就曾质疑过，当然现在来看，郭沫若的字写是的确是好，但我曾经研究过，他的碑写得那么好，但也还是不高古。十年前，我研究过高二适的字，一年多后才研究孙过庭书谱，他们的字都够高古。那么我们现在的这个书坛上，我们缺少高古，缺少文气。我们在书法上要乎其上，乎其上方可取其中。所以碧刚，你与别人不一样，你有这个基础，第一个学养，第二个气势，更有高人在旁边指导，见多识广，如果能把这个问题融入书法，那么对于你未来的书法影响是巨大的。第二个，碑和帖是可以融的，但是实际上是不能融的，这点是要搞清楚。在书法上，篆隶是一种用笔，楷行草是一种用笔，笔势是不一样的走法的。那么我国历史上，碑和帖在清朝才开始了融合，比如说康有为的字，其实碑帖融合都是在隶书上融的。在楷行草上融得比较好的近代人是于佑仁，但他融的结果，还是有点弱，真正好的还是他的行书。所以我们不要人云亦云，一定要研究。所以我们写字在学古人的时候，一定要有一个突破。你比如说李铎先生，最后在榜书上下功夫了，把碑的东西往楷行草方面来融入了，所以成就了现在的风貌。所以我建议碧刚在研究书法主攻方向的时候，向古人学习，抓住书法结构的本质，把自己的情绪放进去，想创新创不了，实际上就是情绪问题。就像孙过庭在《书谱》上所讲的"涉乐方笑，言哀已叹"的一样，这些都在你的书法上都能感受得到，这很好。我们在向传统致敬的过程中，我们真的要向碧刚致敬，因为他有他的文化气息，有丰富的阅历，他的书法所表现的潜力，给我们看到这种希望，向碧刚致敬。

彭一超（中国新闻出版书法家协会常务副秘书长、北京世纪名人国际书画院副秘书长）

我是彭一超，是在北京专业从事媒体工作的，认识碧刚是十多年前，既是他的朋友，也是他的同事。这十多年来，一路见证了他从一个普通的书法家，变成一个在社会上产生较大影响的学者型书法家。

我们中国传统的文化讲究修身、齐家、治国、平天下，也讲究立功、立德、立言，刚刚各位专家从书法与各个层面给予了评价，我都很赞同。

从立功的角度说，自2006年名人书画院成立以来，每年都举办"中国名人名家书画精品展"，已经成为书画界响亮的品牌，还为全国各地的书画家，举办各式各样的展览，各种各样的慰问笔会，不计其数，大大小小办了一百多场，所以无形中，对推动北京地区乃至全国书画行业发展做出了巨大的贡献，这是大家有目共睹。

在立德方面，他是我们广大中青年书法家的学习榜样，是传递正能量的励志榜样，这点毋庸置疑，大家都能看到，比如说，他曾被评为"北京社会好人"和"首都市民学习之星"，这就是一个很好的说明，所以也就不一一枚举了。

在立言方面，他也是我们所有书法家学习的榜样。早几年还在读研究生，现在已经是博士后了，在北京大学当了北京大学城市治理研究院的副院长兼秘书长，就这点来说，在治学方面，是个巨大的成功。当然,这么多年,还出了很多个人的文集,出了很多书,发表了两三百万字的文章,他作为一个社会学者,作为一个书法理论家,这是在他这个年龄层次很少能做到的。他2009年创办《名人名家书画报》,作为执行主编,他身体力行,亲自撰写文章。现在书法家都比较浮躁,很少执笔,但碧刚每期写的文章,短小执悍,主题突出,作为主编,事务性工作又多,能做点这点,也是很不容易的。所以我就以"立功、立德、立言"这三个方面来评价碧刚,也许我说的不是十分准确,但碧刚所有的事情都验证了这三个方面,你们可以慢慢去观察、去体悟。

当然,我还要提出一些建议。他不需要靠书法来谋生,是北大的博士后,还担任了很多要职,所以对于书法来说,是玩玩而已。建议在业余时间,走文人书法之路,走学者书法之路,拓宽书法的文化厚度和艺术高度,那么你就是一个非常了不起的学者型书法家了,我说的不一定准确,仅供大家参考,谢谢。

刘国芳(原中国科技日报文摘报副主编,中国长城书画院理事,北京世纪名人国际书画院院士)

我来说两句,因为北京世纪名人国际书画院在成立的时候,我是最初的参与者和见证者,看着书画院一步步地成长和发展,也是在看到了碧刚的进步。当时书画院起这个名字的时候,我就觉得这个书画院不得了,又是世纪,又是国际,名字取得这样大,这样高,真能无愧于这个院名吗?但几年以后,通过画院举办的各种有影响的社会活动和展览,使这个院名副其实,可喜可贺。

同样要祝贺碧刚,祝贺他今天的书法展览圆满成功。碧刚有今天的成就,是因为他是站在巨人的肩膀上,他在张道诚院长的带领下一步步地前进。北京世纪名人国际书画院,是一个了不起的文化名人社团组织。

他周围的领导班子和画院的艺术家，都是一流的书法家和画家，都是在书画界有一定的影响力。在这样的环境中，只要自己的努力，就会有成功。今天碧刚在合肥举办的《不忘初心，致敬青春》书法展览，来了这么多的领导和艺术家，高朋满座，本身就证明了这一点。碧刚很年轻，也很能干，他不仅在学习书法上刻苦努力，而且更大的精力是用在办好书画院。在办院的方法上，很正规，很稳健，那时候每个月都要开会，不断地总结经验，研究部署工作，所以才能把书画院引入正道，有今天的成功和影响力。

在学习书法上，碧刚是下了功夫的。只有付出，才能有收获。首先我觉得碧刚在学习书法的道路上走得很正，他做人的人品也很正，所以他的字写得很正，体现出了盎然生气。我希望碧刚书法艺术能取得更大的进步，同时希望在张院长的领导下，将我们的书书画院走得更远更高，走向世界，取得新的成就。家乡是家乡，国际是国际，将我们名人书画院带到国际上去，让书画院的牌子更响亮，推上新的更高的水平，所以你的担子很重，我们老年人既要向青春致敬，又要向你和年轻的朋友学习。

陈建国

各位领导，各位专家，各位老师，本着对汪碧刚同志的这种情感，对他的赞美赞扬，以及对他今后的艺术事业发展，给予充分积极与深情勉励，从各个方面进行了很好的座谈。每位同志，言谈之间都是非常真实、真诚、诚恳，也非常客观，对他充满了无限的希望。每个同志，都是用心讲的，用情讲的，尤其是对他充满了美好的愿景与殷切的希望和期盼。这次座谈会我觉得非常有必要、有意义，非常的珍贵。

董昭礼先生说了三层意思，祝贺、感谢、学习；史培刚先生说，碧刚有文气、有豪气、有才气，提出建议，要增加宽度、厚度、高度；朱守道先生从书法艺术本体专业的角度，对碧刚作品的予以解读和认可；赵立凡先生从资深书法家几十年的感悟，给予激励、关心；王佛生先生，从专家学者的角度，从作品的造势、文气、形式诸多方面给予高度肯定，也提出了希望；彭一超先生，从立功、立德、立言三个方面，高度赞扬碧刚多方面的成就；刘国芳女士，关心、关爱、肯定、认可，以及对未来给予的期盼。

我们的交谈既有认真的交流发言，也有谈笑风生、和谐诙谐调侃。我觉得这次座谈会从形式到氛围都非常好，谢谢大家。

我也对碧刚有了各方面的认识和感悟，有以下几点：

首先，他阳光率真，乐善好施，豁朗豁达，充满精神，充满希望，为家乡、朋友、社会及书法艺术事业，不断付出；

第二，工艺并进，精神可嘉。书法能够坚持下来，非常不容易。目前社会上知名的书法家，大都是职业的书法家，他在大量的行政工作和课题研究之余，还能达到这种成就，真的非常不容易；

第三，取法入道，体态正茂；

最后，健康向上，引人感悟。

（以上发言根据录音整理。其中，田唯谦、张铜彦为书面发言。）

「不忘初心 致敬青春」汪碧刚书法作品展

作品选登

不忘初心

皖人碧刚

行书立轴　不忘初心
纵248cm　横69cm　二〇一七年

皖韻

時維丁酉春月
皖人汪碧剛

榜书横披 徽风皖韵
纵97cm 横360cm 二〇一七年

嶽風

行书斗方 学贵心悟
纵69cm 横69cm 二〇一七年

行书斗方 开卷有益
纵69cm 横59cm 二○一七年

富强民主文明
和谐自由平等
公正法治爱国
敬业诚信友善
此为社会主义核
心价值观
皖人汪碧刚

篆书长卷 社会主义核心价值观的基本内容
富强 民主 文明 和谐 自由 平等
公正 法治 爱国 敬业 诚信 友善
纵34cm 横192cm 二〇一七年

富彊民生明盛歸韶自由平等公正

千里家书祇为墙,让他三尺又何妨,长城万里今犹在,不见当年秦始皇。

碧刚录

行书团扇 张英诗《六尺巷》
千里家书只为墙,让他三尺又何妨。
长城万里今犹在,不见当年秦始皇
纵43cm 横43cm 二〇一七年

行书团扇　天下文章
其出于桐城乎
纵43cm　横43cm　二〇一七年
（语出程晋芳、周永年）

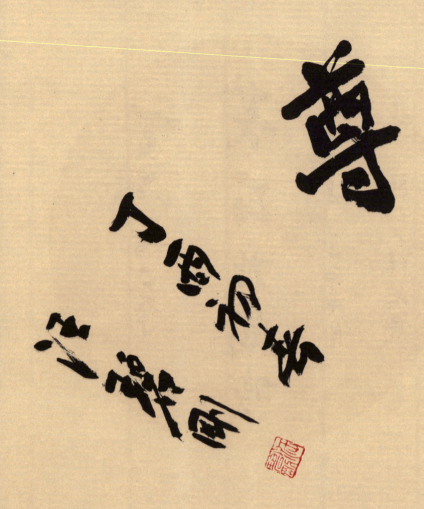

行书扇面 齿德并尊《六尺巷》
纵32cm 横63cm 二〇一七年

君子溫其如玉
大雅卓爾不群

丁酉初春汪碧剛書

行书六言联　君子温其如玉　大雅卓尔不群
纵137cm　横35cm　二〇一七年

传家有道惟忠厚
处世无奇但率真

丁酉春月铁人汪碧刚

行书七言联 传家宥道惟忠厚 处世无奇但率真
纵138cm 横35cm 乘2 二〇一七年

行书长卷 《礼记·曲礼》句
敖不可长，欲不可纵，志不可满，乐不可极。
纵27cm 横138cm 二〇一七年

教不可長欲不可從志不可

幽願子篤實慎勿浮發憤忘志食樂忘憂

右錄蘇東坡句
歲次丁酉初春汪碧剛

行书横披 苏东坡诗句
学如富贵在缏收 仰取俯拾无遗筹
道大如天不可求 修其可见致其幽
愿子笃实慎勿浮，发愤忘食乐忘忧。
纵97cm 横180cm 二〇一七年

學如富貴在博
收你取俯拾無遺
等道大如天不可求
倚其可見於其

仰望星空
脚踏实地

汪碧刚于未名湖畔

后记

岁月静好，幸有笔墨相伴。

这本集子取名《未名墨语》，看似文集，确切地说是本杂文集，收录了1999年至今20年间发表过的近40篇文章，有长有短，形式多样，但文字水平一般，更谈不上"腹有诗书气自华"，寄希望用笔墨语言来表达自己的"家国情怀"，对生活的热爱，对人生的思考，对文化的坚守。"未名"乃我的书房斋号，其意有二：一是顾名思义"未曾出名"，虽长期担任名人书画院副院长兼秘书长，成天和名人打交道，自己却未曾出名；二是取北大"未名湖"之意，"未名湖畔好读书"，这是一名北大博士后的情结。

我自幼喜好读书，痴迷书法。儿时在农村，靠父亲退伍时带回的《毛泽东选集》与四大名著，以及父母务农时到镇上早市卖鱼卖菜微薄所得换回的《故事会》来窥探大千世界，了解世事人情。回想起来那时的书籍都是满满地"正能量"，那是一个"崇拜英雄、崇尚文化"的时代。家庭条件是真苦啊，人口多收入少，但是全家苦中作乐，一团和气，父母咬紧牙关给我们读书啊。上初中后我成天舞文弄墨，满墙涂鸦，是村邻写春联的"御用文人"。高中时我已经在报刊上发表文章了，并且担任学校学生会主席，确实远近闻名呢。及至30多岁当选全国青联委员、安徽省政协委员，乡亲们都夸我是个好后生，给家人和村邻都争了光。虽然我现在是大学教授，成天和书本与知识打交道，算是个高级知识分子了，但我特别留念农村的生活，时常想念我远在家乡的父母和亲友。家乡的气息令我梦魂牵绕。

成长需要付出代价，比如我，背井离乡，只身一人到北京求学、工作，记得第一次坐电梯出尽洋相，不知如何是好，别人笑我土，但咱不自卑。咱底子薄，家里穷，甚至连普通话也说不好，但我很努力啊。无论是学习还是工作，成绩和业绩都是名列前茅。我多次对自己的学生和女儿说：不是别人比你优秀，而是别人比你努力，而且优秀的人都很努力。

作为伴随着改革开放成长起来的70后一代，机遇与挑战并存。甫一参加工作我就进入中直机关，既服务过中央领导，又在团委书记和多个领导岗位得到历练，算是见过世面。这些见地，对我的成长大有脾益。2005年年底我在张道诚院长的直接领导下创办了名人书画院，拜书法大家李铎先生为师，又受到多位大家名家耳提面命，书法创作上有所长进。从本科一直到博士后，诸位导师关爱有加，不吝赐教。工作与生活中，与领导、同事和家人和谐共处，一路相伴，大家总是不断给予我帮助。尤其要感谢组织上的培养，从20岁开始得到各级青联组织垂爱，担任全国政协机关、北京市、安徽省各级青联委员、常委直至担任全国青联委员，不惑之年还兼任安徽省和青岛市的政协委员，其间还被多次选送到中央党校、中央团校的领导干部或团委书记培训班学习。只是我无心从政，参政议政也很有乐趣。遵从内心，惟愿做一名真正的学者。

如今，读书、写作、书法是我生活的重要组成部分。面对这个繁杂的世界、浮躁的语境，安下心来认认真真地、踏踏实实地读书、写字，在思考中前行，快哉乐也。

中国书法家协会主席苏士澍题写书名并为本书出版题词；中共中央政治局原委员、中央军委原副主席迟浩田，中共中央政治局原委员、国务院原副总理邹家华，最高人民检察院原检察长贾春旺，全国政协原副主席杨汝岱、王文元，民政部部长黄树贤，当代书法大家欧阳中石、李铎题词勉励；时任原中国建筑工业出版社（中国城市出版社）社长沈元勤和各位同仁对本书出版给予了大力支持。在此，一并致谢。感恩所有帮助过我的人。感谢相濡以沫的妻子和两位聪明可爱的女儿，是你们教会我如何生活，并带给我无尽的欢乐和希望。

为了便于联系写作背景，收录的每篇文章末尾都注明了发表或出版的出处和时间。

朴素是一种美，一朵小花也美丽。我的文字如我朴素真诚，仅是丛中的一朵小花，不太惹眼，孤芳不自赏。出版这本小集子，求教是真，恳请诸位方家批评指正。

未名泛舟，墨语记之。脚踏实地，仰望星空。抱朴守真，砥砺前行。我会继续努力，努力再努力！

汪碧刚

2018年12月于未名堂

图书在版编目（CIP）数据

未名墨语 / 汪碧刚著. —北京：中国城市出版社，2019.3
ISBN 978-7-5074-3153-7

Ⅰ. ①未… Ⅱ. ①汪… Ⅲ. ①社会科学－文集 Ⅳ. ①C53

中国版本图书馆CIP数据核字（2018）第290180号

　　《未名墨语》是43岁的著名学者、书法名家汪碧刚博士第一本杂文集，收录了作者1999年至今20年间发表过的近40篇文章，作者用笔墨语言表达对家乡的深情，对生活的热爱，对人生的思考，有情怀、有担当。世纪伟人邓小平、共和国上将温宗仁、书法大家李铎、著名表演艺术家王铁成等在作者的笔下栩栩如生。尤其是作者用大量笔墨对文化进行探究并作出自我诠释，其治学思想"方向、逻辑、方法"可见一斑。文集收录作者有代表性的政协委员提案以及其个人书法展的回眸，多角度表达他的家国情怀与文人担当。文章书法相得益彰，笔墨青春盎然成趣。

责任编辑：毕凤鸣
书籍设计：韩蒙恩
责任校对：王　烨

未名墨语

汪碧刚　著

*

中国城市出版社出版、发行（北京海淀三里河路9号）
各地新华书店、建筑书店经销
北京锋尚制版有限公司制版
北京富诚彩色印刷有限公司印刷

*

开本：880×1230毫米　1/32　印张：9　字数：213千字
2019年5月第一版　　2019年5月第一次印刷
定价：126.00元
ISBN 978－7－5074－3153－7
　　　　（904118）

版权所有　翻印必究
如有印装质量问题，可寄本社退换
（邮政编码100037）